LOS PECES NO EXISTEN

Lulu Miller

LOS PECES NO EXISTEN

Una fábula contemporánea sobre la posibilidad de vivir sin etiquetas

Traducción de Isabel Zapata

Planeta

Título original: *Why Fish Don't Exist. A Story of Loss, Love and Hidden Order of Life*

Traducción: Patricia Isabel Zapata Morales

Diseño de portada: Planeta Arte & Diseño / Daniel Bolívar
Diseño de interiores: Alejandra Romero Ibáñez
Ilustraciones de portada: © iStock
Fotografía de la autora: © Kristen Finn

Bajo el sello editorial PLANETA M.R.
Avenida Presidente Masarik núm. 111,
Piso 2, Polanco V Sección, Miguel Hidalgo
C.P. 11560, Ciudad de México
www.planetadelibros.com.mx

Primera edición en formato epub: julio de 2022
ISBN: 978-607-07-8992-2

Primera edición impresa en México: julio de 2022
ISBN: 978-607-07-8913-7

Impreso en los talleres de Litográfica Ingramex, S.A. de C.V.
Centeno núm. 162-1, colonia Granjas Esmeralda, Ciudad de México
Impreso y hecho en México – *Printed and made in Mexico*

Esto es para ti, papá

ÍNDICE

PRÓLOGO

PIENSA EN LA PERSONA QUE MÁS AMAS. Imagínatela sentada en el sofá, comiendo cereal, quejándose encantadoramente de algo, por ejemplo, cuánto le irrita que la gente firme sus *e-mails* con una sola inicial en lugar de pulsar las cuatro teclas que faltan para escribir su nombre completo.

El Caos terminará con esas personas.

El Caos las destruirá desde afuera —una rama que cae, un auto a exceso de velocidad, una bala— o desde adentro, con la rebelión de sus propias células. El Caos pudrirá tus plantas y matará a tu perro y oxidará tu bicicleta. Deteriorará tus recuerdos más preciados, derribará tus ciudades favoritas, convertirá en ruinas cualquier santuario que puedas llegar a construir.

No se trata de si lo hará o no, sino de cuándo. El Caos es lo único seguro en este mundo. El amo que nos gobierna a todos. De niña, mi padre científico me enseñó que no hay manera de escapar al segundo principio de la termodinámica: la entropía no puede más que crecer. Hagamos lo que hagamos, no disminuye nunca.

Un ser humano inteligente acepta esta verdad. Un ser humano inteligente no intenta resistirse a ella.

Pero un día de primavera de 1906, un hombre estadounidense alto y con bigote de morsa se atrevió a desafiar a nuestro amo.

Se llamaba David Starr Jordan y, en más de un sentido, su trabajo era enfrentar al Caos. Era un taxónomo, el tipo de científico encargado de poner orden en el Caos del mundo descubriendo la forma del gran árbol de la vida, aquel mapa ramificado que supuestamente revela cómo se interconectan todas las plantas y los animales. Su especialidad eran los peces, y se pasó la vida navegando en busca de nuevas especies. Tenía la esperanza de encontrar pistas que revelaran más sobre el plano oculto de la naturaleza.

Trabajó con tanto ahínco durante años, durante décadas, que tarde o temprano él y sus ayundantes llegaron a descubrir una *quinta parte* de los peces que se conocían en su época.[1] Capturó miles de nuevas especies, soñó con nombres para ellas y grabó esos nombres en brillantes etiquetas de estaño que almacenó junto con los especímenes en frascos llenos de etanol, apilando sus descubrimientos cada vez más alto.

Hasta que, una mañana de primavera de 1906, un terremoto derrumbó su reluciente colección.

Cientos de frascos se rompieron en pedazos contra el piso. Los vidrios rotos y las repisas caídas mutilaron sus especímenes. Pero lo peor fueron los *nombres*. Aquellas etiquetas de estaño cuidadosamente colocadas habían salido volando hasta ocupar un lugar aleatorio en el piso. En una especie de terrible génesis a la inversa, sus miles de peces meticulosamente nombrados volvieron a amontonarse en una masa de lo desconocido.

Pero ahí, de pie frente a la destrucción, con la labor de su vida destripada a sus pies, este científico bigotón hizo algo extraño. No se dio por vencido ni se entregó a la desesperanza. No prestó atención a lo que parecía ser el claro mensaje del terremoto: que, en un mundo dominado por el Caos, cualquier intento de orden está condenado a fracasar. Se arremangó la camisa y buscó hasta encontrar, de todas las armas posibles, una aguja de coser.

Tomó la aguja entre sus dedos pulgar e índice, ensartó el hilo y se dirigió a uno de los pocos peces que pudo reconocer en medio de la destrucción. Con un rápido movimiento, atravesó con la aguja la piel de su garganta. Luego le cosió la etiqueta directamente en la carne con el hilo.

Repitió este pequeño gesto en cada uno de los peces que pudo salvar. Dado que no podía volver a permitir que las etiquetas reposaran en los frascos de manera precaria, cosió cada una directamente en la piel de las criaturas. Un nombre cosido en la garganta. En la cola. En el ojo. La innovación fue discreta; el deseo, desafiante: proteger su trabajo de las embestidas del Caos, que su orden se mantuviera en pie ante el siguiente golpe que lanzara.

La primera vez que escuché sobre el ataque de David Starr Jordan contra el Caos tenía veintitantos años y mi carrera como reportera enfocada en temas científicos apenas empezaba. Asumí de inmediato que era un tonto. La aguja había funcionado contra un terremoto, pero ¿qué pasaría en caso de un incendio, una inundación, óxido o cualquiera de los trillones de formas que la destrucción podía tomar y que no había considerado? Su innovación con la aguja de coser me parecía endeble, miope, magníficamente ignorante de las fuerzas a las que se enfrentaba. Para mí, era una lección de arrogancia. Un Ícaro de la recolección de peces.

Pero a medida que fui creciendo y el Caos pudo contra mí, cuando destrocé mi vida y luego tuve que juntar los pedazos, empecé a preguntarme por este taxónomo. Quizá había descubierto algo —sobre la perseverancia, el propósito, la manera de continuar— que yo necesitaba saber. Quizá estaba bien tener una fe de ese tamaño en ti mismo. Quizá hundir la aguja en completa negación de tus escasas posibilidades no te convertía en un ingenuo, sino —sentía que pecaba al pensarlo siquiera— ¿en un vencedor?

De modo que una tarde invernal en la que me sentía particularmente desesperanzada busqué el nombre *David Starr Jordan* en Google y me encontré con una fotografía en sepia de un hombre blanco y viejo con un despeinado bigote de morsa. Había severidad en su mirada.

«¿Quién eres tú?», me pregunté. «¿Un cuento con moraleja o un modelo a seguir?».

Seguí viendo sus fotos. Aparecía de niño, inocente como un borrego, con amplios rizos oscuros y orejas saltonas. Ahí estaba de joven, de pie sobre un bote de remos. Había embarnecido y se mordía el labio inferior casi seductoramente. Luego de viejo, un abuelo sentado en un sillón rascando a un perro blanco y peludo. Vi que había enlaces a artículos y libros que había escrito. Guías de recolección de peces, estudios taxonómicos de los peces de Corea, de Samoa, de Panamá. Pero también había ensayos sobre la bebida y el humor y el sentido de la vida y la desesperanza. Había libros para niños y sátiras y poemas y, lo mejor para las periodistas perdidas que buscan una guía en la vida de otros, una autobiografía de nombre *The Days of a Man*, cargada de tantos detalles sobre la ya mencionada vida del ya mencionado hombre que se publicó dividida en dos tomos. Llevaba casi un siglo agotada, pero un vendedor de libros de segunda mano me vendió un ejemplar en 27.99 dólares.

Cuando el paquete llegó, sentí que emanaba calor y magia. Como si contuviera un mapa del tesoro. Corté la cinta adhesiva con un cuchillo para carne y de él brotaron dos tomos verde olivo, cada uno con brillantes letras doradas. Preparé una cafetera grande y me senté en el sofá con el primer volumen sobre las piernas, lista para descubrir qué pasa con alguien que se niega a rendirse ante el Caos.

UN NIÑO CON LA CABEZA EN LAS ESTRELLAS

DAVID JORDAN NACIÓ EN UN HUERTO de manzanas al norte del estado de Nueva York, en 1851, durante la época más oscura del año, lo cual quizá provocó su interés en las estrellas. «Mientras limpiaba elotes durante las tardes de otoño», escribe rememorando su infancia, «me dieron curiosidad los nombres y significados de los cuerpos celestes».[1] No podía simplemente disfrutar su brillo; para él eran un desorden que necesitaba ver ordenado, conocido. Cuando cumplió alrededor de ocho años, consiguió un atlas astronómico y empezó a comparar lo que veía en las páginas con lo que había encima de su cabeza. Noche tras noche se escabullía de su casa para intentar aprenderse los nombres de cada estrella del cielo. Según lo recuerda, le tomó cinco años ordenar la totalidad del cielo nocturno. Como recompensa, eligió *Starr* como segundo nombre y lo usó con orgullo durante el resto de su vida.[2]

Habiendo dominado lo celeste, David Starr Jordan acudió a lo terrestre. En la propiedad de su familia abundaban constelaciones únicas de árboles, rocas, graneros y ganado. Sus padres lo mantenían ocupado con tareas como esquilar ovejas, quitar la maleza y —la especialidad de David— convertir trapos viejos en tapetes (sus tendones flexores no tardaron en aprender a manejar la aguja).[3] Entre todas estas labores, David se dio tiempo para empezar a mapear el territorio.

Le pidió ayuda a su hermano Rufus, 13 años mayor, un tímido y gentil amante de la naturaleza de ojos marrón profundo. Rufus le enseñó a calmar a los caballos, acariciándoles el cuello con suavidad, y en qué lugar del matorral encontrar los arándanos más jugosos. Verlo desmitificar la tierra asombró profundamente a David, que le rendía a su hermano una «adoración absoluta».[4] Poco a poco empezó a dibujar intrincados mapas de todo lo que veían.[5] Dibujó mapas del huerto familiar, de su camino a la escuela y, cuando el territorio conocido se agotó, fue un poco más lejos. Copió planos de municipios lejanos, de otros estados, países, continentes, hasta que sus pequeños dedos hambrientos hubieron recorrido casi todos los rincones del planeta.

«El entusiasmo que mostré preocupó mucho a mi madre»,[6] escribe, una mujer robusta de nombre Huldah. Un día, harta, tomó el montón de mapas de su hijo, arrugados y manchados de su sudor de niño, y se deshizo de ellos.

¿Por qué? Quién sabe. Quizá porque Huldah y su esposo Hiram eran puritanos devotos. Se enorgullecían de logros dignos de un mártir, como no reírse nunca en voz alta y llegar cada mañana a trabajar al campo antes del amanecer.[7] Pasarse el tiempo trazando mapas de territorios ya conocidos les habrá parecido una frivolidad, una pérdida de tiempo insultante, sobre todo al estar batallando como lo hacían, cuando había manzanas que recolectar y papas que cultivar y trapos que coser.[8]

O puede ser que la desaprobación de Huldah haya sido simplemente reflejo de sus tiempos. Para mediados del siglo XIX la obsesión por poner en orden el mundo natural empezaba a pasar de moda. La era de los descubrimientos llevaba ya 400 años y había entrado en declive en 1758, cuando Carl Linneo, el padre de la taxonomía moderna, terminó su obra maestra, *Systema Naturae*, una propuesta para entender la totalidad de las interconexiones de la vida. (Dejemos de lado por un momento que el esquema de Linneo estaba plagado de errores: clasificando a los murciélagos como primates y a los erizos de mar como lombrices, por mencionar un par).[9] A medida que las embarcaciones se apresuraban con más frecuencia de puerto a puerto, la emoción de avistar especímenes exóticos y los mapas —que fue lo que en su momento atrajo a la gente a las tiendas, tabernas, cafés— se desvanecía.[10] El polvo se acumulaba en los gabinetes de curiosidades; el mundo parecía haberse vuelto conocido.

Aunque es posible que no haya sido eso. En ese momento un texto blasfemo estaba imprimiéndose a toda velocidad. *El origen de las especies* se dio a conocer al público en 1859, justo cuando el pequeño David empezaba a levantar la mirada a las estrellas. ¿Es posible que Huldah hubiera leído los periódicos, intuyendo que el orden del mundo natural estaba a punto de cambiar por completo?

Cualquiera que haya sido el motivo, Huldah no cedió. Con el puño lleno de los mapas arrugados de David, le pidió a su hijo que encontrara algo «más relevante» que hacer con su tiempo.[11]

Como el niño obediente que era, le hizo caso y abandonó los mapas. Pero, como un niño real, no lo hizo. No del todo.

«Había muchas flores silvestres en los alrededores de mi casa»,[12] escribe, intentando culpar a la tierra misma de sus pecados. Ocasionalmente, en el camino de regreso de la escuela empezó a recoger del pasto un pompón aterciopelado azul o una sedosa estrella anaranjada. A veces las olía y luego las tiraba en el piso, pero de vez en cuando alguna permanecía entre sus dedos y la llevaba hasta su habitación, donde lo provocaba con el misterioso acomodo de sus pétalos. Él intentaba suprimir el deseo de conocer su nombre, su lugar exacto en el árbol de la vida. Y tuvo éxito, hasta que llegó la pubertad.

En su primer día de secundaria David escondió un «pequeño libro sobre flores» que encontró en la biblioteca y lo llevó hasta su casa.[13] Ya en la privacidad de su cuarto, se sentaba con el manual en el escritorio tapizado de flores, intentando discernir cuál era cuál, descubriendo su género y su especie. Siendo ya casi un hombre, con vellos creciéndole en los dedos de los pies y su voz cada vez más grave, solía provocar a su madre revelándole los nombres científicos de las flores del camino, transmutando bígaros en *Vinca major* o girasoles en *Helianthus annuus*, como diciendo que su pasión no podría ser aplastada, arrugada ni desechada. «Quizá exageré al adornar las paredes de mi cuarto, convenientemente blancas, con los nombres de las diferentes plantas que iba identificando», escribe.[14]

Empezó a pasar tiempo con Joshua Ellenwood, granjero pobre y de cuestionable reputación que vivía cerca de su casa y que sabía de memoria el nombre científico de casi todas las plantas de la región. Por haber logrado una hazaña así, aquel viejo era conocido por los vecinos como un «vago que perdía el tiempo».[15]

David, en cambio, lo admiraba. Empezó a seguirlo durante sus caminatas por el campo, intentando aprender la mayor cantidad de trucos posible: la manera en que las especies se revelaban por la forma de sus hojas, su número de pétalos o su aroma. Tras conocer a Joshua, David renunció a su amor por la belleza, declarando que las flores feas o aburridas —los dientes de león (*Taraxacum officinale*) y los ranúnculos (*Ranunculus acris*)— constituían mejores pistas del plano de la naturaleza. «Aunque no fueran hermosas, las pequeñas significaban más para mí que cientos de las más grandes. Una característica del interés científico, a diferencia del estético, es la inclinación por lo oculto y lo insignificante».[16]

Lo oculto y lo insignificante.

¿Estaba David revelando algo sobre sí mismo? Si bien no se detiene demasiado en eso en sus memorias, el mundo humano podía ser duro con él. Según el historiador Edward McNall Burns, cuando sus padres lo inscribieron en un internado, «las niñas no lo consideraron demasiado prometedor, dado que se rumora que otros chicos eran a veces transportados por las noches [al dormitorio de las niñas] en una canasta que se usaba para llevar combustible».[17] David nunca pudo vivir el milagro de la canasta voladora, tristemente.

A medida que fue creciendo, el mundo exterior se volvió cada vez más áspero. Escribe de cuando patinó en un lago congelado solo para pelearse con un chico mucho menor que él,[18] de cómo su maestro de música le recomendó abandonar su incipiente carrera de cantante,[19] de cómo un juego de beisbol en el que participó a los 16 terminó abruptamente cuando se lanzó por una bola y eso «lo llevó a romperse la nariz que, frágil desde un principio, quedó medio torcida desde entonces».[20] Y luego estuvo su primer trabajo como maestro de un grupo de niños ingobernables en un poblado cercano. Durante semanas, David intentó mantener cierta apariencia de orden conduciendo su clase con un apuntador de madera; lo movía de un lado a otro para captar su atención, ocasionalmente incluso golpeaba con él al peor portado. Hasta que los niños se alzaron en rebelión. Atacaron a David y le prendieron fuego a su amado apuntador.[21]

Escribe sobre acudir a placeres más solitarios: leer historias de aventura y poesía, dedicarse a la tarea de intentar «juntar mis manos y saltar a través de ellas».[22] Pero ni siquiera en soledad se sentía seguro. Un día, cuando David tenía 11 años y estaba felizmente «ocupado en la agradable tarea de quemar troncos», Lucia, su hermana mayor, apareció en la puerta de la casa gritando, según recuerda, «que tenía que correr a la casa si quería volver a ver vivo a mi hermano».[23]

David estaba confundido. Se suponía que Rufus no estaba en casa. Abolicionista apasionado, recientemente se había marchado para enlistarse en el Ejército de la Unión. Sin embargo, durante su periodo de entrenamiento, antes de poner un pie en el campo de batalla y probar la fuerza de su convicción, Rufus había contraído una misteriosa enfermedad que avanzó rápidamente a través de su cuerpo, elevando su temperatura y cubriendo su piel de manchas rosadas, un mal sin causa ni cura conocida en aquella época, llamada simplemente «fiebre del ejército». (Décadas después recibiría el nombre de tifus).

Cuando David llegó a la cama de su hermano, los ojos de brújula de Rufus apenas eran capaces de enfocar. Se quedó junto a él durante horas, rogándole al destino que le devolviera la fuerza al cuerpo de su hermano.

Rufus no despertó a la mañana siguiente.

«Recuerdo todavía el largo periodo de soledad y aflicción que siguió a su muerte prematura», escribe. «Noche tras noche yo soñaba que nada de lo que estaba pasando era cierto y que mi hermano volvía a casa sano y salvo».[24]

Tras la muerte de Rufus, los diarios de David explotaron de color con meticulosos dibujos de flores silvestres y helechos y hiedras y zarzas y cualquier pedazo de naturaleza que pudiera arrancarle al mundo.[25] Más que artísticos, sus dibujos eran laboriosos, cubiertos de borrones, manchas de tinta y pequeñas rasgaduras, resultado del vigor con el que coloreaba.[26] Pero en esa crudeza era posible ver su obsesión, su desesperación, el esfuerzo casi muscular que ejercía para precisar las formas de todo aquello que le resultaba desconocido. Detrás de cada dibujo hay, finalmente, un nombre científico. La tinta de pronto corre más fluidamente, las letras se enlazan con cierta voluntad propia. *Campanula rotundifolia. Kalmia glauca. Astragalus canadensis.* David describe la sensación de pronunciar sus nombres en voz alta, esas declaraciones latinas de victoria y maestría. «Sus denominaciones», escribe, «son miel para mis labios».[27]

Los psicólogos han estudiado esto, por cierto, el dulce bálsamo que el coleccionismo puede ofrecer en tiempos de angustia. En *Collecting: An Unruly Passion* (El coleccionismo: una pasión indomable), el psicólogo Werner Muensterberger, que trató a coleccionistas compulsivos durante décadas, señala que a menudo el hábito se acentúa tras algún tipo de «deprivación, pérdida o vulnerabilidad», pues cada nueva adquisición le brinda al coleccionista una ráfaga embriagadora de «ilusoria omnipotencia».[28] Francisca López-Torrecillas, que lleva años estudiando coleccionistas en la Universidad de Granada, notó un fenómeno similar: que la gente que experimenta estrés o ansiedad suele recurrir a esta práctica para aliviar su dolor. «Cuando las personas tienen una sensación de insuficiencia personal», escribe, «el coleccionismo compulsivo les ayuda a sentirse mejor».[29] El único peligro, advierte Muensterberger, es que —como con cualquier compulsión— parece haber una línea donde el hábito pasa de ser «estimulante» a «desastroso».[30]

Cuando David se hizo mayor, a medida que sus hombros se ensanchaban y sus labios se volvían más carnosos, su hambre por nuevos especímenes se intensificó. Pero el tema no le interesaba a ninguna de las personas que lo rodeaban. Sin importar cuánto estudiaba ni cuántos nuevos nombres de especies aprendía ni cuántos artículos sobre taxonomía lograba publicar, explica, «a nadie en la escuela le importaba mi interés».[31] Ingresó a la Universidad de Cornell y consiguió graduarse como licenciado y maestro en ciencias en solo tres años, pero le fue difícil encontrar trabajo.[32] Las universidades buscaban hombres sociables con la corbata bien puesta que pudieran controlar a un grupo con su apuntador y carisma. La manera que David tenía de arrastrarse en la naturaleza silenciosamente, con las rodillas raspadas y los codos llenos de tierra, se consideraba asunto de niños.

Y así pudieron haber terminado las cosas para David. Él, con un impulso incontrolable por coleccionar flores. El mundo, no demasiado convencido del valor de su vocación. El tiempo, transcurriendo mientras él se hundía cada vez más en su silvestre soledad.

Si no hubiera pisado la isla de Penikese.

UN PROFETA EN UNA ISLA

La isla de Penikese se encuentra a 22 kilómetros de la costa de Massachusetts. Con poco menos de 1.5 kilómetros de extensión y sin árboles suficientes para protegerla de la inclemencia del sol,[1] ha sido llamada la «enana» de su cadena insular,[2] una «pequeña roca triste y solitaria»[3] y una «oficina del infierno».[4]

Pero por alguna razón la gente siempre ha intentado cultivar esperanza en sus llanas costas. A principios del siglo XX era una colonia de leprosos dirigida por un médico que buscaba una cura.[5] Durante la década de 1950 se convirtió en un santuario de aves en el que los naturalistas intentaron revertir el destino de una población de charranes que disminuía en picada. En la década de 1970 la isla se volvió un reformatorio para chicos delincuentes o rebeldes o problemáticos (el nombre depende de la época), donde un marino y pescador esperaba que un régimen de reclusión, labor manual, cría de animales, construcción naval, vida comunal y trabajo escolar pudiera «convertir a un montón de asesinos potenciales en ladrones de autos».[6] Para cuando yo supe de la isla, se había convertido en un centro de recuperación en el que personas adictas a la heroína podían intentar curarse definitivamente. Pero, antes de todo eso, en la época de David Starr Jordan, el grupo de gente que buscaba salvación en aquella pequeña roca estaba compuesto ni más ni menos que por naturalistas.

En 1873, cuando David estaba recién graduado de Cornell, uno de los naturalistas más famosos de la época, Louis Agassiz, se preocupaba severamente por el futuro del oficio. Agassiz era un geólogo suizo, un hombre carismático con la apariencia de un oso con patillas despeinadas que había adquirido fama por ser uno de los primeros impulsores de la teoría glacial. Agassiz había llegado a esta imagen de la tierra cubierta de hielo tras hacer meticulosas observaciones de fósiles y estrías en cimientos rocosos. Como resultado, estaba convencido de que la mejor manera de enseñar ciencia era examinar la naturaleza. Su lema era «Estudiemos la naturaleza, no los libros»,[7] y era conocido por encerrar a sus estudiantes en un clóset con animales muertos[8] y no permitirles salir hasta que hubieran descubierto «todas las verdades que aquellos objetos contenían».[9]

A los 40 aceptó un trabajo en Harvard y lo que encontró ahí le causó conflicto. Nada de meter las manos en la tierra, ningún alumno encerrado en el clóset con pequeños cadáveres en descomposición. Solo textos y exámenes y recitaciones que regurgitaban las creencias de los libros de ciencia. Esto le preocupó a Agassiz, que advertía que «la ciencia, por lo general, odia a las creencias».[10] Todavía para la década de 1850, por ejemplo, muchos científicos respetables creían en la «generación espontánea»: la idea de que podían surgir pulgas y gusanos de una partícula de polvo. Algunas décadas antes los científicos creían en una sustancia mágica llamada *flogisto*, que determinaba si un material podía o no generar combustión. En ese preciso momento la gente no tenía manera de proteger a sus seres queridos contra enfermedades misteriosas como la «fiebre del ejército» (todavía no se sabía que la causaban las bacterias). Estar satisfecho con las creencias propias de tu época, pensaba Agassiz, te mantendría atrofiado, estancado, enfermo. La manera de salvarse, el camino a la iluminación, era mirar las piedras, las pieles y los pétalos de este mundo con cuidado y detenimiento.

De modo que Agassiz soñó con crear un paraíso seguro donde rectificar el camino, una especie de campamento de verano donde jóvenes naturalistas pudieran aprender el arte de la observación directa. En 1873, cuando un rico terrateniente se ofreció a donar la isla de Penikese para la causa, él no dudó en tomar la oportunidad.

La locación era ideal: a una hora de tierra firme y de fácil acceso, pero lo suficientemente lejana para sentirse en libertad. Su tamaño también lo era: grande para recorrerla, pequeña para no perderse en ella. ¿Y qué decir de la materia de estudio disponible en Penikese? Bueno, ¿por dónde empezar? En ausencia de árboles, cubría sus costas una gruesa capa de algas que se agitaban con el viento y albergaban tesoros: cangrejos, libélulas, víboras, ratones, grillos, insectos, chorlitos, búhos. También estaban los pozos de marea, cargados de caracoles, algas y percebes. Y las favoritas de Agassiz: enormes piedras repartidas como dientes toscos por la isla, algunas de ellas de más de cinco metros de altura, que en sus estrías revelaban la dirección en que el majestuoso glaciar había viajado 20 000 años antes. Finalmente estaba el mar mismo, hermoso y ondulante. Una bandeja color zafiro que ofrecía infinitas riquezas: estrellas de mar, medusas, ostiones, erizos, mantarrayas, cangrejos, ascidias, bioluminiscencia y una sucesión de peces gloriosos, resbaladizos y brillantes. Las redes de los naturalistas nunca estaban vacías. Para quien quisiera enseñar echando mano de la naturaleza misma, aquel lugar era una mina de oro.

Mientras Agassiz empezaba a enviar madera a la isla para construir el campamento, David Starr Jordan estaba sentado leyendo el periódico del otro lado del país, en Galesburg, Illinois. Finalmente había conseguido trabajo impartiendo clases de ciencia en una pequeña universidad cristiana llamada Lombard College. Pero era miserable. Se sentía aislado geográfica y espiritualmente. Sus colegas lo criticaban por enseñar la blasfema teoría glacial y, peor que eso, por permitir a sus estudiantes manejar instrumentos de laboratorio y «desperdiciar sustancias químicas».[11] Hacía frío en Illinois y la tierra era plana y extrañaba las cañadas repletas de flores de su juventud. Pero una mañana oscura de inicios de primavera, hojeando el periódico, vio anunciado un «Curso de formación en historia natural impartido a la orilla del mar» ni más ni menos que por el mismísmo Louis Agassiz.[12]

Me imagino a David escupiendo el café por la nariz, excepto que no habría sido café, porque fue abstemio toda la vida (evitaba no solo el alcohol, sino el tabaco y hasta la cafeína, por sus peligrosas posibilidades de alterar la percepción). Así que quizá se atragantó con agua, té de hierbas o cualquier cosa, incrédulo ante la existencia de un lugar así. Tan rápido como pudo, metió su solicitud de admisión al campamento. A las pocas semanas su carta de aceptación firmada por la mano de Agassiz llegó por correo junto con su boleto de ida.

Unos meses más tarde, el 8 de julio de 1873, David Starr Jordan contempló el océano por primera vez desde un muelle de New Bedford, Massachusetts.[13] Tenía 22 años.

Lentamente, un grupo de naturalistas empezó a reunirse junto a él en el embarcadero, una mezcla de hombres y mujeres jóvenes. Era una mañana hermosa. La bahía estaba en calma; el cielo azul, brillante. Un buque remolcador se dirigía a ellos para llevarlos hasta una mancha lejana en el horizonte. El bote ancló y los cincuenta jóvenes naturalistas abordaron. No hay manera de saber lo que los campistas hablaron mientas atravesaban el oleaje. Quizá intercambiaron relatos fantásticos sobre la fauna de sus lugares de origen o se preguntaron unos a otros a qué reino le juraban lealtad: animal, vegetal o mineral. Quizá David haya respondido con uno de sus chistes de confianza: que, dada la densidad de la hiedra que cubría las paredes de su casa de la infancia, se había convertido en un «botánico en defensa propia».[14] O es posible que se haya quedado inmóvil en el barandal del barco, escaneando las olas con la mirada en busca de aletas. Su timidez en esa época era constante, desconfiaba de los lugares nuevos.[15] Acaso se consolaba a sí mismo con aquella antigua técnica de refugiarse en la naturaleza.

Una hora después el buque bajó la velocidad al aproximarse a la isla. Desde su lugar en la cubierta, David pudo distinguir la silueta de un largo muelle en la punta del cual estaba parado un ser humano. Escribe:

> Ninguno de nosotros olvidará nunca esa primera imagen de Agassiz. Habíamos llegado desde New Bedford en un pequeño buque muy temprano por la mañana, y Agassiz nos recibió en la isla. Estaba parado casi solo en el pequeño muelle, y su magnífico rostro resplandecía de placer...
>
> Su figura alta y robusta, los hombros un poco encorvados por el peso de los años, su gran cara redonda encendida por un par de generosos ojos café oscuro, su sonrisa alegre... Nos recibió con enorme calidez cuando llegamos. Nos miró a los ojos para justificarse por habernos elegido a nosotros entre tantos candidatos disponibles.[16]

Tras saludar a cada estudiante con un apretón de manos, «el gran naturalista» los condujo colina arriba para mostrarles el nuevo dormitorio. No estaba en las mejores condiciones, pues los trabajos de construcción se habían extendido más de lo que Agassiz había anticipado. Ni los cristales de las ventanas ni las tejas de los techos estaban instaladas todavía,[17] y el muro que habría de separar los dormitorios de los hombres del de las mujeres no era, en aquel momento, más que una frágil lona colgando de una viga.[18]

Algunos de los estudiantes quedaron horrorizados. Frank H. Lattin, un joven observador de pájaros de Rochester, pensaba que su ubicación «desolada», sus construcciones destartaladas y el constante rayo del sol convertían a la isla en una especie de infierno. «Por sí misma», escribe, «era un sitio muy poco atractivo, y al principio apenas pude convencerme de que sería capaz de disfrutar mi estancia ahí».[19]

Pero los ojos, órganos engañosos, le muestran diferentes cosas a cada quien. Esa misma tierra caliente atrajo a David, con su arena dorada en que resplandecían conchas misteriosas, esponjas marinas, algas. Mientras los estudiantes empezaban a socializar, a coquetear, a escoger sus catres en aquella larga fila, David se escabulló a la costa a tocar el agua salada con los dedos por primera vez. Tomó una piedra negra y lisa, luego una verde, con la mente inundándose con el pánico de su vida: «¿Esto es hornblenda? ¿Es epidota? ¿Cómo diferenciarlos?».[20]

En algún momento lo llamaron a reunirse con el resto de grupo en el granero para tomar un almuerzo de media mañana. Las ovejas habían sido cambiadas de lugar tan solo unos días antes —ahora había mesas de cuatro patas—, de modo que el lugar seguramente olía a heno, a orina, a pasto, a vida.[21] Las vigas estaban llenas de telarañas y nidos de golondrinas.[22] Este sería su salón principal durante el verano. Los estudiantes tomaron su lugar en las largas mesas y charlaron mientras devoraban la comida. Puede ser que David haya visto entonces, por primera vez, el resplandor del cabello rojizo de una joven botánica de Massachusetts llamada Susan Bowen. Aquel verano se volverían más cercanos, explorando las costas de Penikese bajo la luz de la luna, sumergiendo los tobillos en las olas oscuras para encender fuegos artificiales de bioluminiscencia verde.[23]

Al terminar la comida, Agassiz se puso de pie para pronunciar su discurso de bienvenida. Sus palabras fueron demasiado hermosas, según David, como para ser recreadas. «Lo que Agassiz dijo esa mañana no se podrá decir nunca más».[24]

Por suerte, el famoso poeta John Greenleaf Whittier también estaba ahí aquel verano y no estaría de acuerdo con David. Más tarde, Whittier publicaría un poema llamado «La oración de Agassiz»,[25] recreando ese mismo discurso. Arranca describiendo brevemente el escenario —«En la isla de Penikese / Rodeada de mares color zafiro»— y luego entra de lleno a las palabras que Agassiz pronunció sobre las razones por las que el coleccionismo es relevante.

> El maestro dijo a sus alumnos:
> Hemos venido en busca de la verdad,
> probando llaves inciertas
> en las puertas del misterio:
> Alcanzamos, a través de las leyes divinas
> los secretos de la Causa,
> Él, el infinito, eterno,
> el Innombrable, el Único,
> Luz de nuestra luz, la Fuente,
> Vida de la vida y Fuerza de la fuerza.
> Como hacen los ciegos con sus dedos,
> buscamos hasta encontrar
> el significado de los jeroglíficos
> de lo Invisible en lo visible.

Nunca he sabido demasiado de poesía, pero, si estoy interpretando bien las mayúsculas, lo que los taxónomos buscaban al contemplar sus preciosas plantas y rocas y caracoles era...

El Innombrable, el Único, la Fuente, la Verdad, lo Invisible...

¡A Dios!

De hecho, Agassiz lo deja claro en otros textos: él cree que cada una de las especies es «un pensamiento de Dios», y que la tarea de la taxonomía es, literalmente, «traducir al lenguaje humano... los pensamientos del Creador».[26]

En específico, creía que la naturaleza escondía una jerarquía divina de las creaciones de Dios, cuya examinación podría brindar instrucción moral. Esta idea de un código moral oculto en la naturaleza —una jerarquía, una escalera o «gradación» de lo perfecto— ha estado entre nosotros durante largo tiempo. Aristóteles lo imaginó como una escalera divina —más tarde convertida en *Scala Naturae*, en latín—[27] en la que todos los organismos vivos podían colocarse en un continuo de inferior a divino, con los seres humanos en la punta, seguidos de los animales, insectos, plantas, rocas, etcétera. Para Agassiz, colocar dichos organismos en el orden correcto nos permitiría discernir no solo la intención de su divino creador, sino incluso sus instrucciones para ser mejores.

Algunas de estas jerarquías le parecían obvias a Agassiz. La postura, por ejemplo. Los seres humanos revelaban su superioridad en su manera de sostenerse en pie, «con la mirada hacia el cielo», mientras que los peces están «postrados en el agua».[28] Pero otras jerarquías eran más sutiles. Pensemos, por ejemplo, en el perico, el avestruz y el pájaro cantor.[29] ¿Cuál de ellos está más alto en la escalera? Quien pueda resolver eso, pensaba Agassiz, podría también saber qué le importa más a Dios: el habla, el tamaño o la voz. Pero ¿cómo descifrarlo? Bueno, ahí es donde las cosas se complican. Donde aparecen los microscopios y las lupas. Usando lo que según Agassiz eran criterios objetivos de los organismos, como la «complicación o simplicidad de su estructura» o «las características de sus relaciones con el mundo que los rodea», es posible colocar a las especies en el orden correcto.[30] Las lagartijas, por ejemplo, quedarían mejor calificadas que los peces porque «cuidan con más dedicación a sus crías».[31] Por otro lado, los parásitos eran un claro caso de vida inferior. Basta con observar la manera que tienen de ganarse la vida: engañar al prójimo y aprovecharse de él.

Pero para Agassiz la lección más importante se ocultaba bajo la piel. En algún punto durante su discurso en la isla de Penikese les advirtió a sus estudiantes sobre los peligros del aspecto externo: las escamas o plumas o púas que una criatura llevaba puestas. Estos elementos podían ser una distracción peligrosa, una cortina de humo capaz de llevar a un taxónomo a ver similitudes entre criaturas donde no las había (erizos y puercoespines, por ejemplo, son en apariencia muy similares; en el interior los separa un mundo). Agassiz explicó que la mejor manera de llegar a Dios era con un bisturí. Abrir la piel y echar un vistazo dentro: de ese modo era posible descubrir las «verdaderas relaciones» entre los animales.[32] En sus huesos, sus cartílagos, sus entrañas. Ahí estaban expuestos con más claridad los pensamientos divinos.

Por ejemplo, los peces. Todos los peces que nadaban afuera, en el océano, en ese preciso momento. Saca a uno, despelléjalo y descubrirás un mensaje claro de Dios. «No es posible entender la posible degradación y miseria moral del Hombre sin saber que su naturaleza física está anclada en... los Peces», escribe.[33] Para Agassiz, la sorprendente similitud de la estructura ósea de los peces (sus cráneos, sus vértebras, sus costillas) representaba una advertencia al «Hombre». Eran escamados recordatorios de cuán bajo podría caer una persona que no era capaz de resistirse a sus más bajos instintos: «Los dones morales e intelectuales que lo distinguen de un pez están ahí para ser usados o abusados... puede hundirse tanto como el más bajo de su clase o puede elevarse y tomar altura espiritual».[34] A medida que Agassiz se fue haciendo viejo, relajó un poco sus ideas para dejar lugar a un concepto que llamó *degeneración*.[35] Le preocupaba que hasta la más elevada criatura pudiera descender varios peldaños de no tener cuidado; que los malos hábitos pudieran, de algún modo, hacer que una especie entrara en decadencia física y cognitiva.

La naturaleza era un texto sagrado para él. Hasta la babosa más aburrida o el diente de león podrían ofrecerles guía espiritual y moral a aquellos seres humanos lo suficientemente curiosos para observar. En conjunto, esos mensajes tomarían la intrincada y asombrosa forma de lo que llamaba *el plan divino*.[36] La fabulosa explicación de Dios, no solo la manera en que los organismos están clasificados, sino el mapa mismo del camino a la ascención escrito en un complejo conjunto de reglas morales.

«Las golondrinas atravesaron volando en la brisa suave del verano, sin saber que aquella construcción ya no era un granero, sino un templo»,[37] escribe David Starr Jordan, con una capacidad renovada de usar sus palabras.

Agassiz tomó un pedacito de gis blanco y escribió en el pizarrón: «Un laboratorio es un santuario donde nada profano debe entrar».[38] Para terminar el discurso, les pidió a sus estudiantes que inclinaran levemente la cabeza en silenciosa oración, considerando la seriedad del verano que estaba por empezar. Según el poeta, hasta los pájaros obedecieron.

Una vez que el «solemne silencio» terminó,[39] Agassiz les advirtió que los que no se tomaran en serio su estancia en la isla serían enviados a casa.

Me imagino a David acostado en su catre esa noche sin poder dormir, mirando fijamente la viga de madera encima de su cabeza, sintiendo cómo su mundo se reacomodaba. Sí, por fin había encontrado las palabras para convencer a su madre, sus compañeros de escuela, sus colegas, que hasta entonces habían permanecido indiferentes ante sus objetivos. Lo que hacía con esas flores en las manos no era «absurdo» ni «inútil» ni «perezoso», era —tal y como lo había definido Agassiz— «una labor misionera del más alto grado».[40] Se trataba de descifrar el plan de Dios, el significado de la vida y posiblemente incluso el camino hacia una mejor sociedad. Me imagino a David sin aliento, eufórico, con los ojos en la viga, percatándose de que hasta el acto de intentar clasificar esa madera —¿era pino?, ¿cedro?, ¿roble?— formaba parte de la labor más significativa del planeta. Su niñez entera, recobrada. Se debe haber mareado, su corazón latiendo con fuerza... quizá por eso no escuchó el suave sonido de las sábanas.

El sonido de los cuerpos de mujeres moviéndose a tan solo un par de milímetros, a través de la delgada lona.[41] El sonido de la mujer de cabello castaño que, en ese momento, se despojaba de su ropa para meterse a la cama. El sonido de su piel contra las sábanas, lo cual debe haber agitado a algunos de los hombres que ahí dormían, pues amarraron almohadas en una cobija y aventaron el desgarbado bulto por encima de la (aún por clasificar) viga. Hubo mujeres que gritaron, otras gimieron. Y a la mañana siguiente, según David:

> Agassiz reaccionó con severidad. Durante el desayuno, se puso de pie y dijo que seis jóvenes varones (cuyos nombres mencionó) abandonarían la isla a las 10 en punto en el barco de vapor. Se hicieron varias súplicas: «a las mujeres no les molestó», «fue una broma de estudiantes sin importancia». Pero él permaneció firme. Estábamos ahí con un propósito serio, dijo; no era el momento ni el lugar para «bromas».[42]

Poco después de que aquellos seis jóvenes abordaran el barco de vapor, avergonzados, para volver a casa, David subió a una pequeña goleta cascabeleante de redes y cubetas y orgullo. Habiéndose topado con Agassiz aquella primera mañana, mientras exploraba el litoral inspeccionando rocas, David fue uno de los pocos campistas elegidos para participar en la primera expedición de dragado. «Aquí fue donde conocí por primera vez a los peces del mar», proclama David, «que aparecieron en apabullante variedad».[43] No le puso nombre a ninguna de las criaturas que se agitaban en la red, pues en aquel momento eran todavía misterios para él. Pistas brillantes y escamosas atrayéndolo al rompecabezas que se pasaría la vida entera intentando resolver.

UN INTERLUDIO SIN DIOS

PUEDE QUE CAPE COD SEA tierra fértil para la transformación existencial. Quizá los metales de su arena sean catalizadores de transformaciones metafísicas, no estoy segura. Solo sé que mi visión del mundo también se transformó en sus costas. Yo tenía entonces más o menos siete años, y extrañamente fue justo ese momento lo que allanó el camino hacia mi obsesión con David Starr Jordan y lo convirtió en el tipo de persona que yo esperaba que pudiera salvarme cuando mi vida se descompuso.

Era una mañana muy temprano, al principio del verano. Yo estaba de vacaciones con mi familia en Wellfleet, Massachusetts, tan solo a 80 kilómetros, a vuelo de pájaro, de la isla de Penikese.

Mi padre y yo estábamos en el muelle, compartiendo un par de toscos binoculares negros, contemplando la extensión amarilla y verde de pantano que se desplegaba frente a nosotros. Intentábamos ver con mayor claridad un punto blanco que habíamos percibido a la distancia. Mi papá era un hombre alto y con bigote, y en aquella época tenía una melena de pelo negro, short de mezcilla, el torso desnudo y una barriga peluda y amigable que casi siempre ofrecía una bolita de pelusa color pastel. El resto de la familia —mi mamá, mis dos hermanas mayores, nuestros gatos— aún dormía. Incapaz de lograr que los binoculares enfocaran correctamente, se los devolví a mi papá. Por alguna razón que no recuerdo, sin quitarle la vista de encima al punto blanco en los juncos —no sabía si era un cisne, una boya o algo más emocionante—, le pregunté: «¿Cuál es el significado de la vida?».

Tal vez fue la amplitud del pantano, que llegaba hasta el océano, que llegaba hasta... no entendía hasta dónde, me imaginaba una orilla en la que los botes caían al abismo, lo que me hizo preguntarme qué estábamos haciendo ahí.

Mi papá hizo una pausa, levantando una ceja negra detrás de los binoculares. Luego volteó a verme, sonriendo, y anunció: «¡Ninguno!».

Sentí que él había estado esperando ansiosamente esa pregunta, esperándola desde el momento en que nací. Me explicó que la vida no significaba nada. No tiene sentido. No hay Dios. Nadie te está observando ni se interesa en ti. No hay vida después de la vida. Ni destino. Ni plan. Y si alguien te dice lo contrario, no le creas. Son cosas que la gente inventa para consolarse ante la terrible sensación de que nada importa, tú no importas. Pero esa es la verdad: nada importa, tú no importas.

Luego me dio unas palmaditas en la cabeza.

No tengo idea de cómo habrá lucido mi cara en ese momento. ¿Grisácea? Fue como si de pronto alguien hubiera arrancado el edredón de plumas que hasta entonces cubría el mundo.

El Caos, me aseguró, es el único amo. Ese gigantesco remolino de fuerzas absurdas es lo que accidentalmente nos creó y lo que tarde o temprano nos destruirá. No le importamos en absoluto, ni nuestros sueños ni nuestras intenciones ni el más virtuoso de nuestros actos. «Nunca olvides», dijo, apuntando hacia la tierra debajo del muelle, «que, por más especial que te sientas, nada te diferencia de una hormiga. Eres un poco más grande, quizá, pero no más importante», hizo una pausa para consultar el mapa de jerarquías que se desplegaba en su mente, «a menos que, ¿estás aireando la tierra? ¿O comiendo madera para acelerar el proceso de descomposición?».

Me encogí de hombros.

«Ya veo que no. Así que puede que al planeta le importes *menos* que una hormiga».

Después, para enfatizar su punto, abrió los brazos de par en par —pensé que era la invitación a un abrazo, una manera de decirme: «¡Es broma, importas muchísimo!»—, pero, en lugar de eso dijo: «Okey. Ahora imagínate que esto... es la totalidad del tiempo». Dibujó una línea invisible frente a su pecho. «¡Los seres humanos solo llevamos en el planeta este tanto!». Al decir la palabra *este* juntó sus dedos tanto como pudo, teatralmente. «¡Y es probable que no nos quede demasiado tiempo aquí! Si abrimos el plano y nos alejamos de la Tierra, bueno...», se burló. «Entonces somos realmente insignificantes. Entonces realmente no importamos. Hay planetas y, más allá, otros sistemas solares...».

No estoy segura de que haya usado las mismas palabras, pero casi dos décadas después, cuando escuché al astrónomo Neil deGrasse Tyson pronunciar su famosa frase «somos una pelusa en una pelusa en una pelusa»,[1] escuché la voz de mi padre.

Dudo haber tenido, a los siete años, el lenguaje suficiente para poner en palabras la sensación helada que estaba empezando a trepar por mis pulmones. «¿Entonces cuál es el punto de todo esto? ¿Para qué voy a la escuela? ¿Para qué pegar sopa de pasta en un cartón?». Me pasé la infancia inspeccionando el comportamiento de mi padre para contestar esas preguntas. Es un hombre lleno de vida. Un bioquímico de manos temblorosas que estudia los iones, las partículas que transportan la electricidad que impulsa la vida: los latidos del corazón, los relámpagos, los pensamientos mismos. No usa cinturón de seguridad ni dirección del remitente, nada donde está prohibido y un día llegó a casa y declaró que estaba «harto de las mangas», que habían tirado sus tubos de ensayo demasiadas veces. Emberrinchado, corrió hasta su clóset con unas tijeras en la mano y durante los siguientes años se presentó a trabajar vestido con un atuendo cuya mejor descripción es la de un pirata académico.

Adora a nuestro perro (que se porta fatal), se niega a seguir recetas, disfruta probar sus objetos de estudio descartados: ancas de rana, órganos de rayas eléctricas. Mi madre estableció los límites en los hígados de ratón, impidiéndole entrar a su cocina para freír los contenidos de la grasosa bolsa de su almuerzo. Una vez, mientras él y yo entrábamos juntos a la residencia para adultos mayores donde vivía su madre, una anciana en su silla de ruedas cruzó por accidente frente a nosotros. «¡Bájale!», vociferó mi padre, y se tiró al suelo, retorciéndose y haciendo muecas, insinuando que lo había golpeado. Yo me encogí, muerta de vergüenza, preocupada de que el susto matara a la pobre mujer. Pero al ver el brillo en sus ojos y la sonrisa que se desplegó en su cara, supe que ella podía manejar el chiste, que necesitaba el chiste, que ansiaba ser vista como una persona que puede con un chiste.

No importas parece ser la gasolina de cada paso que da, cada bocado. *De modo que vive como quieras*. Durante años condujo una motocicleta y ahora bebe copiosas cantidades de cerveza y se avienta al agua de panzazo, de ser posible. Se permite una sola mentira para contener su voraz hedonismo y darle forma a una especie de código moral. *Las otras personas tampoco importan, pero trátalas como si importaran.*

Lleva medio siglo preparándole el café a mi mamá casi todas las mañanas. Adora a sus estudiantes, muchos de los cuales estaban invitados a nuestras cenas navideñas o vivieron en nuestra casa. La mesa de la cocina está grabada con miles de pequeños números, trazados con su mano temblorosa: un registro físico de las innumerables noches que se pasó intentando que mis hermanas y yo comprendiéramos la belleza de las matemáticas.

Lo que pudo haber sido una realidad lúgubre, se convirtió en la fuente de vigor de su vida. Lo ha hecho vivir a lo grande, vivir bien. Siempre he intentado seguir sus pasos nihilistas. Mirar a nuestra irrelevancia a la cara y seguir andando como un pato rumbo a la felicidad, precisamente por eso.

Pero no siempre lo he logrado.

No importas a menudo ha tenido un efecto distinto en mí.

No nos pongamos demasiado aprensivos. Camus estimaba que a la mayoría nos pasa por la mente en algún momento.[2] Un remedio tan atractivo para al dolor que William Cowper, el poeta del siglo XVIII, le puso el ingenioso nombre de «la gran tentación».[3]

Empecé a sentir la atracción cuando estaba en quinto grado, más o menos por la época en que la mayor de mis hermanas fue tan acosada en la preparatoria que tuvo que dejar de presentarse a clases. Mi dulce hermana, que tenía la negra cabellera de mi padre, que usaba lentes de armazón rojo sobre los ojos oscuros y frenos brillantes en sus dientes de rápida sonrisa, que se ponía ansiosa con facilidad y a la que le costaba trabajo entender ciertos códigos sociales, que agitaba las manos y se arrancaba las pestañas y las cejas por el estrés. Yo odiaba a sus compañeros por no hacerle la vida más fácil, por no dejarla en paz; odiaba imaginármela caminando por aquellos pasillos sin encontrar una sola mirada que le ofreciera refugio. A veces prefería no imaginármela para nada.

Yo intentaba encontrar consuelo, igual que mi padre, en los placeres terrenales. Pasteles de lodo y luciérnagas y presas. ¡Cómo me encantaba construir una buena presa para la lluvia! ¡Una vez construí una tan buena que atrajo a un pato! Pero, cuando entré a la secundaria, la gente de los pasillos empezó a escudriñarme a mí también. «¿Dónde está tu martillo?», preguntaban los niños con desprecio, jalándome los pantalones de carpintero. Se burlaban de la manera en que me ponía mi gorra de beisbol, aparentemente demasiado abajo. Me llamaban *Jerry* y yo no entendía por qué. En noveno grado pasé frente a un grupo de niños que gritaron «¡Siete!»; era claro que estaban calificando a las niñas que caminaban por ahí. «Siete», pensé. «¡No está mal!». Hasta que supe que era el número de cervezas que necesitarían tomarse para tener sexo conmigo. *Siete.* Se requería una aniquilación completa, entonces, para hacerme digna de ser tocada.

Sabía que una niña más valiente, una niña más fuerte, podría burlarse de ellos. Sabía que mis problemas eran banales comparados con los de otras personas, pero no tenía ese poder en mí ni sabía exactamente cómo era; cuando busqué un pilar para sostenerme, solo encontré arena.

Las cosas empeoraron para mi hermana a medida que fuimos creciendo. Intentó estudiar en un colegio comunitario, pero tuvo que volver a casa tras un incidente con su compañera de habitación. Logró graduarse, pero no conseguía conservar ningún trabajo. Era demasiado nerviosa como para ser cajera, demasiado platicadora para una biblioteca. Por las noches llegaba a casa a toparse con las preocupaciones de mi madre y con la decepción de mi padre, y se encerraba en su cuarto a gritar. Me la imaginaba convirtiéndose en su forma más elemental, un tornado de soledad y lágrimas, y me asustaba verla salir con la cara desprovista de cejas y pestañas. No porque luciera extraña, sino porque sabía que una tristeza igual de poderosa acechaba en mi interior. Pero yo prefería ventilarla abriéndome pequeñas cortadas en la piel.

Mi papá parecía harto de las dos, impaciente por encontrar la manera de alegrarnos, de hacernos ver lo bueno de la vida y disfrutar nuestro escaso tiempo en esta roca. «Hay grandeza en esta visión de la vida», asegura una cita de Darwin que cuelga sobre el escritorio de mi padre en su laboratorio. Las palabras están escritas en letra cursiva color café, enmarcadas en madera barnizada. La cita proviene de la última oración de *El origen de las especies*. Es Darwin susurrándonos palabras dulces al oído, su manera de disculparse por desflorar el mundo de su Dios, de prometer que la grandeza existe: la encontrarás si realmente la buscas. Pero a veces se sentía como una acusación. Qué vergüenza si no puedes verla.

Cuando mi padre estaba de malas, cuando había tenido un día pesado o bebido demasiada cerveza o whisky, subía las escaleras con ímpetu para comunicarnos que estaba harto de nuestra mierda, rompiendo su regla fundamental *—las otras personas importan—* al azotar puertas, zarandearnos o, alguna vez, dándole una cachetada tan fuerte a mi hermana que dejó una marca en su piel. Ante la tensión creciente, mi madre se ponía a llorar. Mi hermana de en medio, que alguna vez había sido el pilar de todos nosotros, comprensiblemente se había empezado a retraer. Para cuando pasé a décimo grado, ella ya se había marchado a estudiar a los desiertos de Malí.

Recuerdo haber pensando que no parecía haber ningún buen lugar a donde ir. Que el mundo exterior ofrecía solo pasillos despiadados, horizontes vacíos. El mundo de adentro, puertas que se azotaban. «No veo nada brillar», escribí en mi diario el 8 de abril de 1999. Era domingo. Yo tenía casi 16. Al día siguiente, después de la escuela, manejé hasta la farmacia y me dirigí al pasillo donde estaban las pastillas para dormir. Algunas de las cajas eran azul claro, otras azul oscuro, otras moradas. En todas parpadeaban pequeñas estrellas blancas que prometían letargo. Escondí un par de cajas color lavanda bajo mi abrigo. No quería levantar sospechas.

Para cuando llegué a casa a cenar, el mundo me pareció más ligero. Esperé a que todos en la casa se hubieran ido a dormir. Mamá y papá, abrazados, logrando exitosamente no pelear siempre y cuando estuvieran inconscientes, dormidos. Hermana mayor, con sus párpados de pez cerrados misericordiosamente, dormida. Hermana de en medio, en el hogar de otra familia, una mejor, en algún lugar de África, dormida. Perrito blanco Charlie, dormido. Bajé al sótano. En ese entonces aún no había leído que los animales tienden a hacer madriguera cuando están listos para morir, solo sabía que algo me atraía hasta allá abajo. A manera de ceremonia, saqué las pastillas de sus burbujas de plástico. Una por minuto. Hasta a los ateos nos gustan los rituales.

Desperté rodeada de luces brillantes. La humillación de tener junto una enfermera, mi madre preocupada en una silla de hospital, sábanas plastificadas debajo de mi trasero y una cuadrícula de espuma de poliestireno cubriendo el techo hasta donde mi vista llegaba. Pensé que se veían como galletas saladas. No, como galletas de avena. No, galletas saladas. Al día siguiente me recetaron Paxil, lo cual, orgullosa, me resistí a tomar. Me impidieron asistir a un viaje escolar, el riesgo era demasiado alto. La noticia de lo que había hecho reptaba silenciosa por los pasillos de la escuela.

Compré brillo labial y puse mi mejor sonrisa y juré hacerlo mejor la próxima vez. Empecé a fantasear con un objeto. Un objeto de metal brillante que funcionaría mejor que las pastillas. Para cuando terminé la preparatoria, había días en que la tentación era tan grande que no lograba ver más allá de ella.

Pero cuando entré a la universidad percibí algo que me pareció resplandeciente. Un día, en el pasillo, me topé con un hombre de apariencia disparatada y simple, con cabello rizado y espalda ancha. Olía a canela. Tenía los ojos color oso de peluche y formaba parte del grupo de improvisación teatral de la universidad. Era, por mucho, el mejor: gesticulaba a lo grande, su humor brotaba de un lugar generoso y encantador, le arrancaba carcajadas a este mundo duro y frío. Yo solía sentarme a verlo en el auditorio, maravillada. Me parecía un imposible.

Tomó años. Años de conocerlo poco a poco, a través de amigos en común. Años de llamar a su programa de radio nocturno de improvisación de rap, retando a mi lengua a rimar palabras sobre la marcha. Hasta me inscribí al grupo de improvisación. Finalmente, una noche, le confesé cómo me sentía y, en vez de salir huyendo, como los niños del pasillo me habían hecho creer que haría, me besó.

Al terminar la universidad nos mudamos juntos a un pequeño departamento en Brooklyn con una mesa laminada en rojo y una gran entrada frontal. Yo me las arreglé para conseguir un trabajo ayudando a producir un programa de radio completamente dedicado a la ciencia y sus misterios. Él siguió involucrado en la comedia —stand-up, improvisación y escritura— y conducía un taxi amarillo para ganar algo de dinero. Nos quedábamos despiertos hasta tarde tomando cerveza en los escalones de la entrada, hablando de nuestro día y transformando en chistes momentos incómodos y metidas de pata. Sentía que había encontrado eso que pensé que no existía. Refugio. Olía a canela y sus paredes eran de chistes malos y rimas fáciles, apilándose más y más alto pese al frío del mundo. Mi mente se llenó de imágenes del futuro. Los programas de televisión que él escribiría, las casas del árbol que construiríamos juntos, la manera en que el pasto se metería entre nuestros dedos de los pies mientras perseguíamos a nuestros hijos por el jardín. Hasta que, siete años después, derribé todo eso. Muy tarde una noche, en una playa a 800 kilómetros de distancia de él, poseída por la luz de la luna y el vino tinto y el olor a fogata, me acerqué a la energética chica rubia a la que llevaba horas intentado evadir. Estaba mojada porque acababa de salir del agua y tenía la piel de gallina, cientos de pequeñas protuberancias que me dieron ganas de aplastar con la lengua. Sonrió cuando le pasé la mano por la cintura y toqué su cuello con mis labios. Con las estrellas rodeándonos, nuestras respiraciones se hicieron una. Cuando le confesé al hombre de cabello rizado lo sucedido, me dijo que ese era el final.

Pero no le creí. No creí haber arruinado tan rápidamente la intrincada relación que habíamos construido con los años. Le rogué que recapacitara. Le aseguré que lo de la chica era insignificante, un error, que no volvería a suceder. Pero estaba demasiado enojado y dolido. No quería estar con una persona capaz de tal descuido. Sin él, se apagó la luz del mundo. Al enterarse, nuestros amigos se alejaron de mí. Evité el contacto con mi familia para no tener que explicarles lo que había pasado. Mi trabajo, las historias de ciencia que alguna vez había perseguido con tanto regocijo, se volvieron aburridas. Eran pruebas, de varias disciplinas —química, neurología, entomología—, de lo desolador y absurdo que era todo.

Lentamente, la gran tentación empezó a reaparecer en mi cerebro. Su cañón, el regalo más glorioso: alivio.

Pero de algún lugar dentro de mí —¿un pilar, después de todo? ¿Una esquina perdida de mi cerebro?— brotó un plan alterno. Quizá si me arrepentía lo suficiente, durante el tiempo suficiente, el hombre de cabello rizado tarde o temprano se daría cuenta de lo mucho que lo sentía y lograría perdonarme. De modo que me armé con una pluma y le escribí una carta tras otra. Tuve esperanza, tuve paciencia. Ocasionalmente le lancé un mal chiste, nuestro chiflido secreto. «Feliz docena», le escribí el primer día de 2012. No hubo respuesta. Intenté no preocuparme cuando un año se convirtió en dos, dos en tres. El silencio zumbó más y más fuerte, el segundo principio de la termodinámica agitando su cola interminable. Intenté no perder la fe.

Y ese es, precisamente, el motivo por el que me atrajo la figura de David Starr Jordan. Me pregunté qué fue lo que lo mantuvo hundiendo su aguja de coser una y otra vez en el Caos, a pesar de las claras advertencias de que jamás tendría éxito. Quería saber si había encontrado un truco, alguna receta para tener esperanza en este mundo indiferente. Y dado que era un *científico*, me aferré a la distante posibilidad de que su justificación de persistencia, cualquiera que fuera, embonara en la visión del mundo de mi padre. Quizá había descifrado algo esencial sobre cómo mantener la esperanza en un mundo que no promete nada, sobre cómo seguir adelante en los días más oscuros. Sobre cómo mantener la fe sin tener Fe.

Pero tras leer sobre la experiencia de David en la isla de Penikese, empecé a preocuparme. Si Dios era la luz que alumbraba su búsqueda en los tiempos oscuros, entonces no había nada que pudiera enseñarme.

Encontré la respuesta cuando él se topó con Darwin. Tras dejar la isla de Penikese, David consiguió un trabajo como maestro de ciencia en una pequeña escuela en Appleton, Wisconsin.[4] Y las ideas de Darwin, tan solo murmullos cuando era niño, se habían vuelto un viento tormentoso con el que cualquier científico serio debía enfrentarse. *El origen de las especies* estaba repleto de toda clase de herejías: que la totalidad de la vida en la tierra había evolucionado de una «forma primordial»,[5] que los humanos seguimos evolucionando y podríamos, un día, extinguirnos. Pero puede que la idea más difícil de aceptar para un taxónomo era que las especies no son categorías definitivas e inmutables en la naturaleza. Darwin había notado tanta variedad entre criaturas tradicionalmente consideradas de la misma especie que su sentido de límites entre especies había empezado a disolverse lentamente. Hasta el umbral más sagrado, la supuesta incapacidad de dos diferentes especies de crear descendencia fértil resultó falsa. «No puede sostenerse que las especies, al cruzarse entre ellas, son siempre estériles», escribió Darwin, «o que la esterilidad es un don especial y un signo de creación».[6] Finalmente declaró que las especies —y todas esas cuestionables categorías que los taxónomos consideraban inmutables en la naturaleza (*género, familia, orden, clase, etcétera*)— eran invenciones humanas. Líneas útiles pero arbitrarias que trazamos, según nuestra propia «conveniencia», alrededor de un flujo de vida en continua evolución.[7] «Natura non facit saltum», escribió.[8] *La naturaleza no avanza a saltos*. La naturaleza no tiene orillas ni fronteras fijas.

Imagina cuánto conflicto te causaría esa idea si fueras taxónomo. Saber que los objetos que sostuviste en tus manos no eran piezas de un rompecabezas después de todo, no eran pistas, sino producto de la aleatoriedad. No eran páginas de un libro sagrado ni símbolos de un código ni peldaños de la escalera divina. Eran fotografías instantáneas del Caos en movimiento. Para muchos, la idea era demasiado enloquecedora. Les hacía sentir que el mundo era inhóspito, su búsqueda completamente absurda. Louis Agassiz rechazó de manera rotunda a Darwin hasta el día de su muerte. Habló públicamente en su contra en repetidas ocasiones, argumentando que la idea de que los humanos hubieran evolucionado de los simios era «repulsiva».[9]

Pero David Starr Jordan, que pertenecía a una generación más joven, de mente más abierta, en algún momento decidió, atormentado, romper con su «amo» en este punto. Entre más detenidamente miraba a la naturaleza, más se percataba de que no podía negar las observaciones de Darwin, la realidad de la zona gris entre especies; por más que intentó resistirse, poco a poco empezó a verlo también. «¡Me acerqué a los evolucionistas con la gracia de un gato al que un niño arrastra de la cola a través de la alfombra!», escribió.[10]

Esta frase me hizo adorar a David. Me dieron ganas de abrazarme a su pecho y plantarle un beso en la mejilla y decirle que era valiente, que era bueno por escuchar la devastadora verdad de la evolución y lograr seguir adelante a pesar de ella.

Eso significaba, por supuesto, que podía seguir considerándolo mi guía. Significaba que quizá, tan descarado como parecía con su aguja de coser como espada, operaba desde un lugar razonable. Significaba que la negación no necesariamente conducía a la humillación. Significaba que quizá, solo quizá, seguir sus pasos excesivamente confiados me llevaría de vuelta a un refugio resplandeciente.

A LA CONQUISTA DE LOS MARES

AQUÍ EMPIEZA LA PARTE MUSICAL. Que suenen las alegres canciones marineras para imaginarnos a David Starr Jordan, con la camisa arremangada, en la cubierta de un velero gigante junto con una docena de hombres con sombreros de bombín, armados con cañas de pescar, arpones, tridentes, redes de arrastre, cualquier cosa que sirva para sacar peces, peces y más peces del agua.

Tras dejar la isla de Penikese, habiendo obtenido la bendición de Agassiz para convertirse en un coleccionista serio, David dirigió su mirada al agua. «La literatura de la ictiología era inexacta e incompleta», escribe, «con pocos estudios comparativos, de modo que el campo parecía bastante abierto, y de hecho lo estaba».[1] Mientras pasaba de un trabajo de profesor a otro en escuelas del Medio Oeste, se puso a sí mismo la meta de descubrir cada pez de agua fresca en América del Norte.[2] Como ayudante, reclutó a un viejo amigo taxónomo que había conocido en Cornell, Herbert Copeland. Un tipo musculoso de barba castaña y despeinada. Se mudaron juntos a un albergue en Indianápolis,[3] en el que me imagino que había un baño repleto de ejemplares arrugados de *Systema Naturae*. Aunque aún no puedo confirmar si tenían baño o no. La instalación hidráulica no estaba tan extendida en esa época, sobre todo en lugares remotos como Indiana.

Se lanzaron al agua, a los ríos y los lagos, capturando varios especímenes, algunos con bigote y algunos con colmillos, la mayoría apestando a una mezcla de estanque y pepinillo. Poco a poco empezaron a publicar estudios taxonómicos que echaban luz a nuevas conexiones entre especies, eliminando redundancias —por ejemplo, *Ictalurus punctatus*, un pez gato que según David «había sido registrada como una nueva especie 28 veces».[4] A la larga, el gobierno se percató de la existencia de este adicto a los peces que recorría el oeste con su corte de hongo. Le pidieron a David que se enlistara como una especie de mercenario y lo conminaron a recorrer más territorios deconocidos del país durante sus descansos de verano. Así llegó a Texas, a Misisipi, a Iowa, a Georgia, a Tennessee, en busca de nuevas especies de peces en los cuales colocar la bandera estadounidense del descubrimiento.

En 1880 lo enviaron, como parte del Censo de Estados Unidos, a catalogar las especies de peces que vivían en la costa del Pacífico.[5] Lo acompañó uno de sus estudiantes favoritos, un «chico brillante» llamado Charley Gilbert.[6] Subieron por la costa, desde San Diego, en búsqueda de los residentes acuáticos del país. David quedó asombrado por los «aceitosos tesoros» que sacaron de las olas. Escribió sobre un majestuoso atún saltarín «que alcanza un peso de 272 kilos», del atún blanco con «aletas pectorales largas, como listones», del pez volador de California cuyas «alas» vibraban como «libélulas» en distancias «mayores a 200 metros». Y poco a poco, día a día, kilómetro a kilómetro, David y Charley empezaron a capturarlos. Lo desconocido. Criaturas sin nombre ni rastro en el registro científico. Un pequeño pez linterna con puntos luminosos, «que había surgido de las profundidades durante una tormenta».[7] Un pez diminuto, con escamas de arcoíris, que encontraron en el interior de una merluza, que a su vez encontraron en el interior de un atún blanco. Un pez carmesí de rayas amarillas al que apodaron «la bandera española».[8]

Se dedicaron a eso durante meses. Celebraron Navidad en San Diego, el Año Nuevo chino en Santa Bárbara. Para marzo estaban explorando las penínsulas de Monterey, California. Por más que David intentara enfocarse en los peces, resultó que también tenía un interés por las plantas. No podía resistirse a señalar los nombres científicos de los árboles que veían: *Cupressus macrocarpa*, *Pinus radiata*. También había desarrollado una manía por jerarquizar casi cada organismo que encontraban. El eulacon: «el más delicioso de todos los peces».[9] El arce plateado: un «árbol de sombra de segunda».[10] El pez bruja, el peor de su clase dada la manera en que se gana la vida, asaltando a su presa para sorberle los intestinos, un «pirata» baboso de «malos hábitos».[11]

Como buen discípulo de Louis Agassiz, David examinaba los organismos encontrados en busca de instrucción moral. Había adoptado la brumosa idea de «degeneración» propuesta por su profeta, la mezcló con la teoría de la evolución de Darwin y tomó vuelo. Vio al viscoso pez bruja como evidencia de que «malos hábitos» como la pereza o el parasitismo podían provocar que una especie degenerara, decayera o «cambiara para mal».[12] En un artículo científico, David propuso que la ascidia, un sedentario saco filtrador de alimento, había sido alguna vez un pez de más categoría, pero se había «degradado» a su forma actual dada una combinación de «ociosidad», «inactividad y dependencia».[13] No estaba seguro del mecanismo exacto que generaba tal deterioro, pero para David la ascidia era una clara advertencia. Una moraleja sobre la pereza. Un triste saco, literalmente.

A medida que David y Charley avanzaban hacia el norte, David estudiaba cómo atraían los pescadores a sus presas. Los pescadores chinos en San Diego, que usaban redes finas para filtrar una retorcida cornucopia de criaturas;[14] los pescadores portugueses de Santa Bárbara, que se quedaban de pie sobre las rocas y clavaban lanzas de tres puntas en la marea;[15] incluso las gaviotas y los pelícanos, que se zambullían con envidiable precisión. Adoptaba los métodos que podía y robaba cuando era necesario, recorría los mercados chinos buscando criaturas desconocidas para la ciencia; abría en dos a los pájaros y tiburones que pensaba que podían contener a los seres que lograban evadirlo. En un solo viaje, David y Charley nombraron a más de 80 nuevas especies de peces.[16] Ochenta nuevas ramas del árbol de la vida, descubiertas. Ochenta nuevas especies dotadas de existencia por las palabras que ellos pronunciaban. *Myctophum crenulare. Sudis ringens. Sebastichthys rubrivinctus.*

Ocho meses más tarde, David volvió a Indiana, esta vez a Bloomington, donde finalmente tenía un empleo permanente como profesor de ciencias en la Universidad de Indiana. También fue más o menos por esta época que logró algo que parecía incluso más difícil que conseguir trabajo. ¡Se casó! Con aquella botanista pelirroja de la isla de Penikese, Susan Bowen. La convenció de abandonar su hogar en la frondosa región montañosa de Berkshire, Massachusetts, para irse con él a Indiana. Ella lo hizo con cierta inquietud. Indiana le parecía el lejano oeste, un lugar subdesarrollado, demasiado lejos de su familia, salvaje. Pero amaba a David; amaba la manera que él tenía de amar al mundo. Poco después de casarse tuvieron una bebé, Edith, y luego otro, Harold, y otra, Thora. A solo seis años de haber llegado a la Universidad de Indiana, cuando tenía 34, el consejo directivo le ofreció a David el puesto de presidente de la institución.[17] Él aceptó, convirtiéndose en el presidente universitario más joven del país.[18] Fue por entonces que su bigote —dos colmillos viriles que se desplegaban debajo de sus fosas nasales— empezó a crecer.

Esto es pura conjetura, claro, pero ¿cómo pasa alguien tan rápidamente de serle indiferente a la humanidad —ridiculizado por sus objetivos e incluso maltratado— a ser exaltado por ella? Me imagino un hombre manso y turbio, polvoso y pálido, pasando desapercibido, llenándose poco a poco de esa luz, ese aire, esa materia brillante, sea lo que sea eso: el Propósito.

Hace la diferencia en una vida.

Su búsqueda, por cierto, si bien había sido despojada de Dios por Darwin, no fue considerada menos noble por David. Tal y como lo veía, aún quería encontrar la forma de la escalera que revelaba cómo estaban ordenadas todas las criaturas y la plantas, solo que ahora creía que dicho orden había sido forjado por el tiempo, no por Dios. Los secretos que en ella se escondían, sin embargo, no eran menos cruciales ni reveladores. Al mirar detenidamente la anatomía del pez, se repetía a sí mismo, estaba descubriendo la verdadera historia de nuestra creación, los experimentos de la vida que derivaron en la creación del ser humano. Y estaba revelando las pistas —escritas en los traspiés y triunfos accidentales de otras criaturas— que tenían el potencial de ayudar a nuestra especie a avanzar. La misma misión de Agassiz, pero sin un creador al timón.

Y no había quien detuviera a David. Su fiel cuadrilla de taxónomos con anteojos estaba descubriendo peces más rápido de lo que podía nombrarlos. Los preservaban en frascos de etanol y los apilaban unos sobre otros en repisas dentro de un laboratorio recluido en el piso más alto del edificio de ciencias. Miles de misteriosas criaturas esperando la ceremonia sagrada de su nombramiento.

Hasta que una noche de julio de 1883, el universo se tronó los dedos —esos pequeños bolsillos de iones escondidos en el aire— y liberó un rayo que golpeó un cable telefónico cuyas chispas terminaron en la oficina debajo del laboratorio de David y les prendieron fuego a algunas hojas de papel. Luego más papel. Luego las paredes. Hasta que finalmente las flamas treparon hasta las repisas que albergaban los preciados frascos. El etanol, si bien es fabuloso deteniendo los intentos del tiempo por descomponer las cosas, es amigo del fuego. Los frascos deben haber explotado como pequeñas bombas. Los pescados se vaporizaron. Criaturas no identificadas quedaron incineradas, quizá imposibles de encontrar otra vez. Se destruyó hasta el último espécimen. Y eso no fue todo: durante años, David había estado trabajando en un documento secreto, una especie de mapa del tesoro que revelaba ramas nunca antes vistas del árbol de la vida. Un gran esquema en forma de candelabro compuesto de líneas frenéticas que indicaban cierta perspectiva y proponían conexiones evolutivas completamente consumido por el fuego. El reportero encargado de comunicar el daño apenas pudo contener las lágrimas. «Las flamas duraron una hora, pero casi destruyeron el trabajo de una vida», escribió en el *Bloomington Telephone*.[19]

Pero David Starr Jordan se negó a que la catástrofe lo paralizara. Limpió las cenizas y se dirigió sin pausa a los cuerpos de agua de la nación a tomar lo que se había destruído. No se detuvo en el tiempo perdido; no consideró la aparente futilidad de sus intentos por ordenar un mundo en el que reinaba el Caos. Aseguró haber aprendido una sola lección de la adversidad. ¿Cuál era? ¿Mantener la humildad? ¿Proponerse metas más razonables que catalogar todos y cada uno de los peces de agua dulce de Norteamérica? «Publicar de inmediato», escribió.[20] Ah, esforzarse más.

Cuando la tragedia tocó su vida personal, reaccionó de manera similar. Un día de noviembre, tan solo dos años después del incendio, su esposa Susan empezó a toser. El sudor ocasionado por la fiebre humedeció su cabello cobrizo. Murió a los pocos días. Lo que la mató, explicó su hija Edith, fue un brote de neumonía que «los doctores rurales del pueblo no fueron capaces de curar».[21]

Una vez más, David actuó rápidamente. Ordenó un extravagante arreglo de crisantemos blancos para cubrir con ellos el ataúd de Susan. Pronunció un elocuente discurso fúnebre en el que recordaba su amor compartido por la taxonomía, las caminatas nocturnas en la playa de Penikese, en donde «el agua brillaba tanto como las estrellas, por los diminutos animales que en ella se agitaban».[22] Quizá incluso se dijo a sí mismo que Susan lo hubiera querido así, que su muerte era una desafortunada pérdida de su valiosa misión de orden.

Y luego, tal y como había ocurrido con los peces, se dirigió a la naturaleza para recuperar lo perdido. Menos de dos años después de la muerte de Susan, se volvió a casar con una universitaria de segundo año llamada Jessie Knight que era, de muchas maneras, mejor para David. Si Susan había lamentado los múltiples viajes de David, escribiéndole que se sentía sola y que odiaba la cantidad de tiempo que él pasaba lejos de la familia,[23] Jessie simplemente lo acompañaba a donde fuera. Era joven, enérgica, con ojos oscuros que lo cautivaban. Cuando se asomaba a ellos, «negros como piedras de obsidiana», buscaba una distante figura vagando en su pasado genético: un «explorador... ¿español?». ¿Un practicante de «brujería»? «¿Una tal doña Plácida?».[24] La herencia se había convertido en el lente a través del cual veía al mundo, eso era exactamente lo que intentaba descubrir en sus peces —cómo se transmiten las características de una generación a otra, la manera en que ciertos atributos físicos pueden revelar pistas sobre relaciones evolutivas— y no parecía capaz de sacudirse el impulso de aplicar esto a los seres humanos.

Una vez que Jessie llegó a Bloomington, con tan solo 18 años, lo primero que hizo fue enviar a los dos hijos mayores de David a un internado. Edith, que tenía 10 años, no perdonó jamás a su madrastra: «Supe entonces que nunca la podría considerar mi madre»,[25] recuerda en las memorias que escribió hacia el final de su vida. Thora, la bebé de la familia, no era problema para Jessie; había muerto por una enfermedad desconocida poco después de su madre.

La casa quedó entonces libre de niños y Jessie pudo acompañar a David en sus expediciones. En las fotografías aparece con bonete, anteojos y una sonrisa cohibida. Según las descripciones de su esposo, podía encontrársele reclinada sobre un árbol, leyendo, mientras él pescaba. En sus memorias, él confiesa: «No tengo palabras para describir la compañía que ella ha significado para mí».[26]

Sobre su rápida recuperación, tanto del rayo como de la muerte de Susan, David explica que en algún punto del camino desarrolló «un escudo de optimismo».[27] Sugiere que su altura puede haber tenido algo que ver; ya de adulto medía 1.87 cm,[28] un gigante para esa época, en la que la altura de un estadounidense promedio era alrededor de 1.67 cm. Sin importar a lo que se haya debido, decía que sus amigos hacían comentarios sobre esto, sobre su escudo, sobre cómo parecía imperturbable ante los contratiempos. Un colega suyo alguna vez señaló que, sin importar lo mal que hubiera estado su día, a David siempre se le podía hallar «tarareando una canción en los arcos de la plaza».[29]

«Nunca vuelvo a pensar en un infortunio, una vez que sucedió», explica David con tono despreocupado.[30]

Con el tiempo, una pareja rica de California supo de David Starr Jordan, este alegre gigante de capa y espada con cientos de logros y descubrimientos científicos. Se llamaban Leland y Jane Stanford, y un día de 1890 viajaron hasta Bloomington para preguntarle si quería ser el primer presidente de su pequeño experimento académico en los campos de cultivo de

Palo Alto. A David lo intrigó la oferta, el generoso salario, el clima glorioso, la promesa de reunirse una vez más con aquellos *aceitosos tesoros* del océano Pacífico. Lo único que lo hizo dudar eran los mismos Stanford: Leland Stanford era un senador republicano ampliamente considerado un hombre de negocios sin escrúpulos y su esposa Jane tenía escasa educación formal y gustaba de visitar a médiums para intentar establecer contacto con su hijo muerto. De aceptar, a David le preocupaba sentirse como un hombre restringido, un peón a merced de los caprichos de personas a las que consideraba moral e intelectualmente inferiores. Pero ese clima, ese salario... En 1891 tomó posesión como el presidente fundador de la Universidad de Stanford. Acababa de cumplir 40 años.

Una vez en Palo Alto, a David no le resultó difícil convencer a los Stanford de dejarlo gastar su fortuna de dudosa procedencia como mejor le pareciera. Inmediatamente construyó un nuevo y flamante centro de investigación marina en la punta de la península de Monterey, el Laboratorio de Hopkins Seaside, inspirado en el campamento de verano de Agassiz en Penikese, donde reinaría la observación directa. El lugar tenía más ventanas que paredes y el océano llegaba directamente hasta los salones de clases.[31] Contrató a un montón de amigos y estudiantes para llenar los laboratorios de ciencias de Stanford. A Charley Gilbert, aquel «deslumbrante chico» convertido en «brillante» taxónomo, lo nombró director del Departamento de Zoología.[32] David también mandó traer la mayor parte de su nueva colección de peces —frascos que chocaban unos con otros, ojos de pescado aquí y allá mientras el tren avanzaba por las nevadas montañas—, y cuando llegaron designó uno de los más formidables edificios del campus de Stanford como su nuevo hogar: un robusto gigante de piedra arenisca con amplios arcos y un techo a prueba de incendios adornado con festivos mosaicos. Frente a la entrada principal se levantaba la estatua de mármol de un famoso naturalista de patillas despeinadas y tórax amplio que sostenía un libro en la mano. ¿Quién podría ser?

Louis Agassiz, claro que sí.

A decir verdad, la idea de la estatua fue de los Stanford, que eran grandes admiradores de la filosofía docente de Agassiz, pero igual David no cabía de felicidad. No pareció importarle que, para cuando se comisionó la estatua, la imagen de su mentor fuera todo menos pura. No solo se había negado a aceptar la teoría de la evolución (lo cual para entonces era muestra de ser un científico tonto), sino que su fe en la jerarquía natural lo había llevado a impulsar una de las falacias más odiosas y destructivas de la historia científica. Hasta el día de su muerte, Agassiz fue uno de los principales promotores de la idea del poligenismo: la creencia de que las razas son especies diferentes y que la gente negra, en particular, es subhumana. Impartió numerosas conferencias sobre el tema con entusiasmo. Cuando fue consultado por el gobierno de Lincoln durante la Guerra Civil, por ejemplo, opinó que, de ser liberadas, las personas negras debían permanecer segregadas de las blancas, dado que nunca serían capaces de convivir pacíficamente con ellas. Citando medidas absurdas y rangos imaginarios, aseguró que la gente negra no era biológicamente apta para la civilización. No era su culpa, decía, se trataba simplemente de un asunto científico: eran «infantiles» y «sensuales» y «juguetones» por naturaleza.[33] Su lugar en la escala inmutable de la vida era demasiado bajo.

Sin embargo, nada de esto parecía preocuparle a David. Celebró la colocación de la estatua a la entrada de su «santuario» científico. Dijo que perdonaba a Agassiz por rechazar a Darwin, porque, tal y como lo justificó, «Agassiz nos enseñó a pensar por nosotros mismos».[34] Daba la impresión de que no le incomodaba que su propia mente estuviera infectada por la idea de que algunos seres humanos eran biológicamente inferiores. Siguiendo los pasos de su hermano Rufus, David llevaba tiempo identificándose como abolicionista; quizá pensaba que eso lo mantendría inmune.

David y Jessie se mudaron cerca del edificio de ciencias, a una pequeña cabaña de piedra que llamaron *Escondite*, en español.[35] Estaba rodeada de una densa arboleda de eucaliptos y ahí, entre el centellante rocío de pino y menta, empezaron a construir su jardín del edén personal.[36] David plantó árboles de higos y limón, piracantos y cactáceas, árboles de manzana y calabazas y una mezcla de flores tropicales que «crecieron hasta convertirse en una saturada, incongruente y exquisita jungla» con especímenes de «casi cada rincón del planeta».[37] Añadió un chango llamado Bob, dos pericos (uno hablaba español; el otro, latín), un grupo de gatitos maulladores y un gran danés de gran papada. Cuando las condiciones fueran adecuadas, aseguraba, cuando el chango estuviera calmado y fuera capaz de manejar bien las riendas, podría montar al perro como si fuera un caballo. Con el tiempo, David y Jessie se mudaron a una casa más grande y agregaron dos seres humanos a su psicodélica *ménagerie*: Knight y Barbara.

Barbara cautivó a David. Heredera de los ojos de obsidiana de Jessie, su padre empezó a llamarla su «puritana de ojos negros» y a pedirle, en forma de verso, «Acercate a mí y dime la verdad / De dónde sacaste esos ojos negros».[38] A medida que iba creciendo, a David le maravilló descubrir que compartían la pasión por la taxonomía. Daban largas caminatas por el campus, buscando bichos o pájaros o flores que clasificar. Un día, cuando tenía apenas siete años, Barbara apuntó hacia un pájaro negro y lo clasificó «espontáneamente» como un bombicílido.[39] Para David, esto comprobó que debía haber un componente genético en las habilidades taxonómicas, y animó a los futuros científicos a estudiar el papel de la herencia en la mente taxonómica (por no mencionar todos los libros de taxonomía que había en las repisas ni la obvia observación de que interesarse en la taxonomía era una camino directo al corazón de su padre). En sus memorias, comete el pecado capital de la paternidad al considerar abiertamente a Barbara como «la más dulce, sabia, hermosa y adorable» de todos sus hijos.[40]

Sin limitaciones financieras, desde Stanford David comisionó expediciones de recolección de peces a los lugares con los que había soñado (y de los que había hecho mapas) de niño. Visitó Samoa, Rusia, Cuba, Hawái, Albania, Japón, Corea, México, Suiza, Grecia y más allá.[41]

Los subtítulos de sus memorias durante esta época incluyen: «¡Toco fondo!», «¡Asistí a una fiesta *luau*!» (Signos de exclamación añadidos para mayor énfasis.) Y: «Humor japonés»,

«*Fête* lunar», «Una serpiente de cascabel a bordo», «De regreso a Pago Pago», «Tiburones y tiburones», «Maldecir como un profesional», «La dama se arrepiente» y «El "apretón"». Si te diriges a una sección titulada «"Miss Jessie" conoce a un grifo», descubrirás que durante su viaje a Samoa lo que Jessie vio no fue, de hecho, el león con cabeza de águila de la mitología griega, sino un murciélago gigante al que David identificó como un «zorro volador».[42]

Las fotografías de este viaje muestran botes de remos atiborrados de manadas de hombres con bombines, hinchando el pecho frente a ballenas varadas, restos de embarcaciones, acantilados alpinos. También hay fotos de peces voladores, ballenas en pleno salto, volcanes en erupción. Hay una historia impresionante de cómo a Charley Gilbert lo golpeó una roca gigante mientras escalaba el monte Cervino.[43] Sobrevivió apenas; tenía una herida tan grave en la cabeza que un guardia tuvo que bajarlo de la montaña. Es una de las pocas veces que David confiesa haber sentido «pánico» en toda su vida.[44] Mientras exploraban nuevas aguas, él y sus hombres recogieron extraños peces a barriles llenos; anguilas moteadas y rayas eléctricas y peces pulmonados y peces linterna y caballitos de mar y tiburones martillo y lenguados encurtiéndose en etanol. Los hombres se ponían cada vez más creativos: a los peces más feos les pusieron los nombres de sus enemigos, a los bonitos los de sus amigos. No se vieron tímidos para rendirle homenaje a su líder: un pez pequeñito con forma de flama que sacaron de aguas hawaianas recibió el nombre de lábrido de Jordan, *Cirrhilabrus jordani*. También está el pargo de Jordan. Mero de Jordan. Lenguado de Jordan. *Lutja-*

nus jordani. Mycteroperca jordani. Eopsetta jordani. Suman casi 1000. Mil nuevas especies que en todos los milenios de la historia humana solo David y sus hombres han sido capaces de encontrar.

La única mancha en la vida de ensueño de David terminó siendo la mujer que la había hecho posible, Jane Stanford. Un año después de que David asumiera la presidencia, Leland Stanford había muerto y dejado a Jane a cargo de todo. Resulta que ella no era tan fanática del gigante.[45] Se mostraba preocupada por la cantidad de tiempo y dinero que David dedicaba a los peces. Quería que la universidad se expandiera en otras direcciones, por ejemplo... ¡el estudio científico del espiritualismo![46] Se vislumbraban los rayos X y los electrones y la radioactividad, todo siendo descubierto a la vez durante esos últimos años del siglo XIX, y Jane tenía esperanzas de que alguna de estas tecnologías pudiera conducir a ciertos adelantos en el contacto con los difuntos.

A David esto le parecía absurdo.[47] Uno de sus pasatiempos favoritos era desenmascarar a los médiums; asistía a sesiones espiritistas en San Francisco solo para averiguar cómo funcionaban los «fraudes»,[48] haciendo notar sus barbas falsas, sus alambres ocultos, imanes, helio y demás parafernalia que hacía posible los «actos de prestidigitación».[49] Sin tomar en serio la petición de Jane, empezó a publicar reproches apenas velados hacia personas que creían en cosas así.[50] En *Science*, en *Popular Science*, publicó sátiras sobre charlatanes que aseguraban haber descubierto «el alma de un átomo» o «los dobles astrales». Hasta se le ocurrió un nombre para este campo de estudios: *esciosofía*, la fusión desafortunada de ciencia y filosofía. «Instrumentos de precisión, lógica, matemáticas, el telescopio, el microscopio y el bisturí no se necesitan en la esciosofía», acusó en un artículo en *Science*, «porque la vida es breve y la humanidad demanda resultados rápidos».[51]

A final de cuentas su problema no era con los charlatanes que se ganaban un dinero con los blancos fáciles, sino los blancos fáciles en sí. Ese pensamiento tan suelto, ese «intentar creer en lo que sabemos que no es verdad»,[52] escribió, llevaba a «una vasta cantidad de sufrimiento en nuestra sociedad».[53] En otras palabras, un cerebro con tantas esperanzas, tan susceptible a los vuelos de la fantasía, podía convertirse en un instrumento del mal.

No queda muy claro si Jane Stanford leyó estos ensayos, si alguna vez alguien los puso «por accidente» sobre su escritorio o si David simplemente los escribía para tranquilizarse un poco.

Cualquiera que sea el caso, seguramente David empezó a considerar la silueta de Jane —aquel vestido negro estilo victoriano y sombrero floral que se deslizaba por el campus— como una vista no deseada. Cada vez que ella se topaba con él, parecía tener una nueva queja sobre su liderazgo. Expresaba preocupación sobre sus prácticas de contratación, lo acusaba de nepotismo.[54] Llamaba a los hombres que trabajaban en su departamento de ciencias sus «mascotas».[55]

Pero siempre estaba el alivio de los peces para calmar estas críticas e insultos, estos dolorosos jalones a su correa. Ese otro mundo amplio y acuoso ofrecía consuelo infinito; un mejor consuelo, estaba seguro, que cualquier droga. Con cada nuevo pez, cada nuevo descubrimiento, cada nuevo nombre dado a una pieza del universo que hasta entonces había permanecido desconocida, venía esa sensación imposiblemente embriagadora. Esa dulce *miel* en la lengua. Ese golpe de *fantaseada omnipotencia*. Esa maravillosa sensación de orden. Un nombre: vaya bálsamo.

EL GÉNESIS EN UN FRASCO

SEGÚN UNA IDEA DE LA FILOSOFÍA, hay cosas que no existen hasta ser nombradas.[1] Cosas abstractas como *justicia, nostalgia, infinito, amor* o *pecado*. El razonamiento es que estos conceptos no están esperando ahí, en algún plano etéreo, esperando a ser descubiertos por los humanos, sino que su existencia brota de pronto cuando alguien inventa un nombre para ellos. En el momento en que se pronuncia su nombre, el concepto se vuelve «real», en el sentido de que puede afectar la realidad. Podemos declarar *guerra, tregua, bancarrota, amor, inocencia* o *culpa*, y al hacerlo cambiar el rumbo de la vida de las personas. De modo que el nombre mismo es algo muy poderoso: la embarcación que lleva una idea del plano imaginario al terrenal. Sin embargo, antes de la palabra el concepto se considera, en gran medida, inerte.

Esta idea tiene sus detractores. Gente que desvía la mirada y menciona las matemáticas. ¿No existen los números si no los nombramos? Muéstrame un círculo que no tenga un número pi adentro.

Pero muchos lo llevan aún más lejos. Trenton Merricks —un filósofo de la Universidad de Virginia—, por ejemplo, duda tanto de la existencia de los conceptos que nos rodean que ni siquiera piensa que algo aparentemente concreto, como una silla, exista.[2] Sabe que está sentado en partículas, sí, pero ¿estas partículas son «una silla»? Para él, no.

Sus hijos han crecido cargando con el conocimiento de que él no cree en sillas ni en guantes ni en la mayoría de las categorías de objetos nombradas por los humanos en la Tierra. En una excursión escolar al huerto de manzanas, su hija lo confrontó y le exigió que dijera, frente a sus compañeros y otros padres de familia, si pensaba que la carreta de heno en la que todos iban montados existía. Él miró a su alrededor tímidamente, intentando salirse por la tangente, pero cuando ella finalmente lo orilló a responder, «esta carreta de heno existe, ¿verdadero o falso?», él bajó la mirada y respondió: «Falso».

Él me explicó que sabía cómo sonaba aquello; no solía contarle lo que estudiaba a alguien que, por decir algo, conociera en un avión: «Intento evitar abrir la conversación con lo más fácil de ridiculizar, pero de hecho pienso que mi punto de vista no es una locura». Es simplemente que la mente humana no siempre es buena clasificando el mundo, y a menudo nos equivocamos con los nombres que les ponemos a las cosas. ¿Eran los «esclavos» criaturas subhumanas, desmerecedoras de libertad? ¿Eran las «brujas» merecedoras de la hoguera? Su ejemplo de la silla tiene que ver con eso mismo: un recordatorio de la importancia de mantenernos humildes y cautelosos sobre lo que creemos, incluso sobre las cosas más básicas de nuestra vida. «Creo que tienes que pensar así si quieres avanzar».

Yo lo entendí, de verdad que sí. Y parecía algo importante mientras estaba sentada con él en su oficina (que no necesariamente existía). Pero, mientras caminaba de regreso en el campus, con las hojas anaranjadas cayendo tan hermosamente frente a mí, las ideas parecían evaporarse en el viento. Claro que las sillas existen. Y los árboles. Y las hojas. ¡Y el amor!

Hay cosas reales en este mundo. Cosas que no necesitan ser nombrada para ser reales.

A un pez le tiene sin cuidado que a un taxónomo que camina unos metros por encima de él se le ocurra nombrarlo como *pez*. Con o sin nombre, sigue siendo un pez...

¿Cierto?

¿Cierto?

Vamos por partes.

No podemos negar que a los taxónomos también los enloquece un poco todo este asunto de los nombres. La primera vez que se nombra una especie, se coloca al espécimen en un frasco muy especial en el que recibe un honor muy especial. Queda marcado, en los libros científicos oficiales, como el único creador de su especie. En jerga taxonómica, cualquier espécimen se considera un *tipo* y, para la felicidad de los homófonos, este sagrado tipo recibe el nombre de *holotipo*.

Como cualquier reliquia sagrada, estos holotipos se almacenan en lugares seguros: museos o instituciones académicas a lo largo y ancho del mundo. La primera mariposa *Lycaeides idas longinus*, por ejemplo, está en el Museo de Zoología Comparativa de Harvard; la primera estrella de mar de la ahora extinta especie *Marocaster coronatus*, una criatura que parece un pequeño pendiente decorado con mosaicos, está en el Museo de Historia Natural de Toulouse. A menudo se encuentran en cuartos privados, pero, si lo pides amablemente, con la reverencia que la búsqueda amerita, es posible lograr que te muestren estas cosas, estar de pie frente a ellas sosteniendo la respiración y observando el Génesis en un frasco (en la medida de lo real).

Una regla importante sobre los holotipos: si uno se pierde, no puedes simplemente meter otro espécimen en el sagrado frasco. No. Esa pérdida debe ser honrada, marcada, se le debe guardar luto. El linaje evolutivo quedará para siempre empañado, desprovisto de creador. Un nuevo espécimen será elegido para fungir como el representante físico de la especie, pero bajo el humilde rango de «neotipo».

Neotipo: un espécimen seleccionado posteriormente como el representante de una especie cuando el holotipo original ha sido destruido o extraviado.

Hasta a los científicos les gusta el ritual.

Hay algo sonando en el pasillo. Pasos sobre el linóleo. Estoy camino a admirar al único pez que David Starr Jordan bautizó con su propio nombre.

El preciado holotipo está albergado tras compuertas vigiladas en nuestra colección nacional: la gigantesca biblioteca anexa de especímenes del Smithsonian que se encuentra a unos 32 kilómetros de la capital.

El edificio es frío. Con aire acondicionado. Casi sin ventanas. Todo el tiempo hay un aroma fuerte a etanol. Olor a pino mezclado con cinta adhesiva.

El sonido proviene de seis pies. Me escoltan dos taxónomos del gobierno, con gafetes colgando del cuello.

Pasamos por cuartos llenos de ungulados, pezuñas y cuernos asomándose de los cajones, por la sala de los reptiles, algunos cuyas colas miden lo mismo que una alfombra, en el camino a la sección del edificio donde están almacenados los peces. Nos encontramos con una puerta cerrada con candado. Cuidando que nadie lo vea, uno de lo taxónomos digita un código y nos conduce a una habitación que parece una biblioteca, excepto que en las repisas hay frascos en vez de libros. Grandes frascos. Frascos pequeños. Cada uno contiene, al menos, un cadáver hinchado flotando en un líquido amarillento. Una anguila gigante hecha un acordeón en un barril de cristal, como un gran pedazo de caramelo. Un frasquito lleno de pececillos que parecen alcaparras. Hay peces que lucen como escorpiones, como pelotitas peludas, como ancianos, como origami de aluminio. Qué raro pensar que de aquí venimos todos. Qué raro pensar que, en nuestra forma de embrión, somos prácticamente idénticos.

Por fin llegamos al holotipo que nos convocaba. Espécimen #51444, *Agonomalus jordani*, descubierto por David Starr Jordan en la costa de Japón y nombrado en 1904: un pequeño dragoncito negro al fondo de un frasco de cristal.[3]

Uno de los científicos abre la tapa y mete un par de pinzas metálicas en el frasco, las tenazas toman al dragón y lo levantan por el aire. Lo sostiene un momento ahí, sus negras escamas reflejando las luces brillantes, el etanol escurriéndose en el piso. Luego lo pone en la palma de mi mano.

No me imaginé que se me permitiría tocar algo tan sagrado. Es una criatura filosa. Está cubierta de espinas que me sacarían sangre si apretara la mano sobre ellas, pero resisto la tentación. Toco el nudo de hilo que une su nombre con su piel: resistente, desafiante, todavía en su lugar un siglo más tarde. Me pregunto si David lo cosió con sus propios dedos. El hocico de la criatura tiene púas. Su cuerpo se envuelve sobre sí mismo como una escalera en espiral. Sus aletas parecen alas de dragón, serradas y filosas. Los peces bandido, la familia a la que el *Agonomalus jordani* pertenece, tienen fama de ser cazadores extraordinarios. Se camuflan entre las algas para mezclarse con los afloramientos arenosos desde los que acechan a sus presas, pequeños cangrejos y camarones. Usan sus enormes aletas pectorales, sus alas de dragón, para atacar a velocidades increíbles. Los ingenuos crustáceos no tienen manera de saber de dónde viene el peligro antes de que sea demasiado tarde.

Un silencio inquietante se apodera de mí. Me pregunto por qué, de los miles de peces con los que David se topó, escogió este para ponerle su nombre. Es absolutamente asombroso, sí, pero también terrorífico como un dibujo de M. C. Escher. Hay algo en su forma que no obedece del todo a las leyes de la física. Pero cuando pasas los dedos por su contorno, buscando el punto exacto en que la geometría se descompone, fracasas. De hecho, el nombre de su género, *Agonomalus*, viene del griego «sin esquinas». *A* = sin + *gonias* = ángulos, esquinas. Los antiguos taxónomos también notaron cómo los de su tipo desafían a la física. *Agonomalus jordani*. Jordan Sin Esquinas. Una banda de Möbius: dos lados, pero, de algún modo, uno solo. La frontera, imposible de encontrar.

¿Por qué sintió David que esta criatura era su reflejo? ¿Era una especie de confesión? ¿O el lado oscuro que se encontraba oculto en aquel hombre amable, tan capaz de ganar premios, trabajos, corazones ajenos? No tenía idea.

Lo único que sabía era que, entre más peces recolectaba David, con mayor fuerza parecía golpearlo el destino.

En la batalla contra el Caos, el universo no solo le robó a su esposa Susan y a su bebé Thora. También a su buen amigo Herbert Copeland, aquel pescador barbado al que David había reclutado para que lo ayudara a descubrir nuevos peces de agua dulce de Norteamérica. Un día, mientras recolectaban especies en el río Blanco de Indiana, Herbert cayó por la borda y murió congelado. «Así perdí a mi viejo amigo, el más cercano de todos, y una de las mentes más brillantes con las que trabajé en mi vida», escribe David.[4] Y la desgracia no se detuvo ahí; poco después de la muerte de Herbert, uno de los estudiantes favoritos de David, Charles McKay, desapareció mientras buscaba peces en Alaska.[5] Y luego su estudiante Charles H. Bollman contrajo malaria mientras recolectaba en el pantano de Okefenokee, al sur de Georgia, y murió al cabo de unos días.[6]

Pero ¿lograron estas muertes persuadir a David, por tan solo un segundo, de alejarse de su persecución obsesiva del orden? En absoluto. Como era típico de él, cuando el Caos atacó, redobló esfuerzos y golpeó con mayor ímpetu. Empezó a inventar técnicas más agresivas para capturar peces. Hacer explotar el agua con dinamita, golpear los arrecifes de coral hasta obligarlos a salir[7] y, quizá la más ingeniosa, para las «miríadas de pececitos» que se escondían en las pequeñas grietas de las pozas de marea: veneno.[8] David empezó a espolvorear unas pizcas de veneno y se quedaba mirando hasta que, sin demora, una cornucopia de esculpinas y estrellas de mar y gobios muertos flotaban a la superficie.

Una vez más, estaba descubriendo nuevas especies con más velocidad de lo que podía nombrarlas. Extraños cadáveres se apilaban dentro del templo de piedra arenisca que era su laboratorio de Stanford. Empezaba a sentir el pecho hinchado, una sensación de dulzura, de orden, de comprensión, de voluntad recuperada.

Y ahí estaba el mundo: quieto, paciente, de su tamaño preciso, listo para probar que se equivocaba.

En el año 1900 fue Barbara, su hija favorita, quien estuvo bajo la mira. La aficionada a la taxonomía, de ojos oscuros, con la que solía deambular por lo territorios de Escondite, con el chango montado en el perro a su lado, buscando pájaros y plantas para identificar, inventando historias, con la calma necesaria para debatir incluso la naturaleza existencial de las cosas. «Una vez, caminando con ella por el jardín», recuerda él, «repetí el poema de Riley, "Los duendes te atraparán si no tienes cuidado". "Pero no existen los duendes, nunca han existido y nunca existirán", dijo ella. "Quizá", comenté, recordando el idealismo de George Berkeley, "no existe nada en realidad". "Oh, sí que existe", contestó, "algunas cosas sí existen", y, mirando alrededor en busca de una realidad incuestionable, añadió triunfalmente, "La *calabaza* existe"».[9]

Un día, cuando su padre estaba recolectando peces en Japón, Barbara cayó enferma de fiebre escarlatina. Tenía nueve años. Él se apresuró a volver a casa para estar con ella, pero, al llegar a los muelles de San Francisco, le informaron que era demasiado tarde.[10] David dice que esta fue «la calamidad personal más cruel que vivimos» y «el golpe más aplastante que sufrimos mi esposa y yo; la luz más brillante se había apagado de nuestra vida. Al escribir esto, 20 años después, la herida me parece tan profunda como ayer».[11]

¿Qué era lo único que podía ofrecerle algún alivio, un débil sentido de propósito, una distracción? Sus peces. Volvió al agua, al mar, en busca de más, más, más.

Cuando las personas tienen una sensación de insuficiencia personal, el coleccionismo compulsivo les ayuda a sentirse mejor.

Sin embargo, desafortunadamente para David, el Caos no era el único adversario por el que tenía que preocuparse. A medida que David entraba a la segunda parte de su cuarta década y su bigote mostraba las primeras pinceladas de blanco, Jane Stanford, en su largo vestido negro, seguía regañándolo, cuestionando cada uno de sus movimientos y alejándolo a tirones de sus peces. Sus preocupaciones sobre su liderazgo —acusaciones de nepotismo, de gastos extravagantes— crecieron hasta el punto de contratar a alguien que lo espiara para mantenerlo vigilado.[12] El espía era un profesor pelón y barbado del Departamento de Alemán de nombre Julius Goebel.[13] Jane le pidió a Goebel que tomara nota de las actividades de David y le reportara cualquier cosa que le llamara la atención.

Unos cuantos años después de la muerte de Barbara, el espía sorprendió a David haciendo algo que parecía sospechoso. Había sido culpa de Charley Gilbert. El buen Charley

Gilbert. Su estudiante convertido en compañero de viaje, convertido en jefe del Departamento de Zoología de Stanford. Charley, totalmente recuperado de su accidente, casado desde hacía tiempo, había comenzado a tener un amorío con una joven de Stanford. Un día, él y la mujer fueron descubiertos por un bibliotecario, que acudió a David exigiendo que despidiera a Charley por su comportamiento inapropiado. Pero él no quería perder a Charley de sus filas —¡aquella «brillante» mente taxonómica!—, de modo que, sin pensarlo demasiado, amenazó al bibliotecario con «encarcelarlo en el manicomio por perversidad sexual» (un código a menudo usado para la homosexualidad) si mencionaba una palabra del asunto a cualquier otra persona.[14]

Eso logró silenciar al bibliotecario, que renunció a Stanford y partió de la ciudad. Pero de alguna manera el espía se enteró de la saga completa y la relató con detalle en una carta formal a Jane. En ella, acusó a David de «encubrir» un escándalo sexual para proteger a su amigo y aseguró que no se trataba de un incidente aislado.[15] De acuerdo con Goebel, David manejaba la universidad como una «pandilla», amedrentando a los profesores, porque entrar en desacuerdos con él significaba «arriesgar sus cabezas». La carta finalizaba con una petición directa a Jane: «Condiciones así son, como usted misma lo ha dicho, una desgracia para la academia y deben ser remediadas inmediatamente si desea llevar a cabo sus planes de construir una gran universidad».

Luego Jane, aquella mujer a la que David consideraba su inferior moral e intelectual, que había construido su imperio con dinero turbio, que era tan susceptible a la sugestión que creía que podía contactar a su hijo muerto a través de la esciosofía, se atrevió a escribirle una carta al director del patronato diciendo que las faltas morales de David habían sido «dolorosamente evidentes para ella durante mucho tiempo».[16] Para finales de 1940, según el académico Luther Spoehr, «abundaban los rumores de que la señora Stanford planeaba reemplazar a Jordan».[17]

Esto provocó que pareciera fortuito que una noche, a principios de 1905, Jane muriera inesperadamente durante un viaje a Hawái.[18] Parecía que el universo finalmente le había dado un descanso a David.

Tras la muerte de Jane, David despidió al espía de Stanford.[19] Luego, sin nadie siguiéndole las espaldas para protestar, planeó otro viaje largo a Europa con Jessie.[20] Recorrieron las catedrales de Londres, los campos de lavanda de Francia, los frondosos paisajes de los Alpes suizos. En Alemania, se montaron en una embarcación y anduvieron por el río Mosela, admirando y probando intermitentemente la proliferación de criaturas acuáticas en la estela.

Luego de un tiempo volvieron a casa en California, donde no los esperaba una hija, pero sí su hijo Eric, concebido un par de años después de la muerte de Barbara. Para el otoño de 1905 él tenía dos años y David había jurado mantenerlo a salvo. Regresó a sus actividades, a caminar cada mañana bajo la estatua de su profeta para llevar a cabo lo que consideraba «una labor misionera del más alto grado». Con bisturí en mano, sacaba un espécimen desconocido de su frasco, lo observaba fijamente bajo las luces brillantes, pinchaba sus dientes, sus aletas, sus escamas y por último le cortaba la piel para descubrir sus secretos. En sus huesos y órganos, buscaba pistas sobre qué criatura engendró a cuál, sobre la dirección en que fluía la vida, sobre los experimentos que derivaron en la existencia de los humanos y quizá hasta trucos sobre cómo mejorarlos. ¿Cómo hacían los peces linterna para brillar? ¿Cómo regeneraban sus extremidades las estrellas de mar? ¿Cómo volaban los peces voladores? ¿Cuáles de estas adaptaciones podíamos adquirir para reducir el sufrimiento humano, para llevar a la humanidad a nuevas alturas?

Examinaba las vísceras de cada criatura, sus nervios y ligamentos, sus vejigas natatorias y vesículas biliares y huesos y ojos; miraba cuidadosamente su cerebro durante horas, semanas, a veces años, hasta estar seguro de que entendía lo que tenía frente a sí. Después, tronándose los dedos, quizá, o intentando quitarse una contractura del cuello, inhalaba un poco del aire fresco de la Tierra y exhalaba, por primera vez, su nombre. *Agonomalus jordani.* Y así sin más una nueva especie empezaba a existir.

Para colocar su bandera en lo desconocido, grababa aquel nombre sagrado en una etiqueta de estaño, metía la etiqueta en un frasco junto con el espécimen y cerraba la tapa. Una esquina más del universo capturada. Mostraba sus descubrimientos como trofeos, con los nombres viendo al frente como burlándose del mundo, apilados cada vez más alto. Hasta que la cantidad de Caos al que le había dado orden alcanzaba casi dos pisos.

SMASH

Y LUEGO. A LAS 5:12 A. M. del 18 de abril de 1906, la Tierra se estremeció. «En menos de un minuto... ¡las montañas se habían abierto en profundidades de quién sabe cuántos kilómetros para luego cerrarse como si nada hubiera sucedido!».[1] Ese es David Starr Jordan intentando darle un sentido geológico a uno de los momentos más traumáticos de su vida: el terremoto de 1906 en San Francisco, estimado en 7.9 en la escala de Richter.[2] En tan solo 47 segundos colapsaron grandes extensiones de la ciudad.[3] En el derrumbe y las subsecuentes explosiones e incendios murieron más de 3 000 personas.[4]

Pero David no estaba enterado de esto cuando despertó y sintió su cuerpo siendo arrojado de un lado a otro «como una rata sacudida por un perro».[5] Corrió al cuarto de Eric para impedir que tuviera el mismo destino de Barbara, que el universo terminara con él también. Mientras se apresuraba por el pasillo, llamó a su hijo mayor, Knight, de entonces 18 años, que esa noche había dormido en el techo. Una partitura espeluznante y ominosa sonaba en el salón de abajo: el piano tocado por los pedazos de techo que caían discordantemente sobre las teclas.[6] David encontró al pequeño Eric seguro en su cama, lo tomó entre sus brazos y se lanzó a la escalera, que «se agitó con gran violencia, de modo que descender por ella resultaba extremadamente difícil».[7]

Por fin David, Jessie y Eric lograron llegar afuera, donde una extraña calma los esperaba. Los pájaros, escribió, «ya estaban cantando otra vez y el rostro de la Naturaleza, descaradamente primaveral, parecía negar la catástrofe absolutamente».[8]

Un momento después, Knight salió a tropezones para reportar que la universidad entera se había «ido al carajo».[9] «Aferrado a una balaustrada tambaleante», había sido testigo de cómo los castillos del reino de piedra arenisca caían como piezas de dominó; describió la «caída de la hermosa torre de la iglesia con sus elegantes contrafuertes voladores, el colapso del arco principal, cuyas rocas volaron en todas direcciones "como agua de una fuente", y el derrumbe de la gran biblioteca en construcción y del gimnasio que, desprovistos del soporte de acero adecuado, cayeron como un castillo de naipes».[10]

Percatándose de que no era tan solo un hombre aún vivo sobre la Tierra, sino el soberano mismo de aquel reino desmoronado, David se apresuró al campus tan rápido como pudo.

No eran ni las 6:00 a. m. todavía. Los estudiantes, expulsados de sus dormitorios como hormigas de una canasta de picnic, estaban desperdigados por el césped, desorientados y buscando en los ojos o los hombros de los demás la confirmación de que quedaba algo de estabilidad en la Tierra. Pasó corriendo junto a ellos. Junto a montones de contrafuertes derrumbados,[11] junto a los escombros del arco de bienvenida, junto a —de eso se enteraría después— cadáveres aplastados por el metal y las rocas caídas. Pasó corriendo junto a los gritos del vapor que soplaba por la tubería, junto a cables eléctricos centellantes, directo hasta su templo de peces.

«Lleno de aprehensión», cruzó la puerta de entrada.[12]

¿Con qué palabras describirlo?

Imagínate ver 30 años de tu vida destruidos en un instante. Piensa en eso que haces todo el día, lo que te importa, a lo que dedicas tu tiempo tontamente con la esperanza de que tenga sentido a pesar de todas las señales que sugieren lo contrario. Imagínate los frutos de tus esfuerzos destrozados y eviscerados a tus pies.

Con esas palabras.

Había peces por todos lados. Vidrio desparramado por el suelo. Lenguados a los que las piedras habían dejado aún más planos. Anguilas lastimadas por las repisas. Peces globo reventados por esquirlas de vidrio. Había un fuerte olor a etanol y cadáver. Pero mucho peor que todo aquel daño carnal era el existencial, pues, si bien muchos de los especímenes habían quedado intactos —cientos, casi mil—, las etiquetas de sus nombres sagrados estaban regados por el piso del laboratorio. En esos 45 segundos, el Génesis se había invertido: sus peces meticulosamente nombrados habían vuelto a ser algo amorfo, desconocido.

Por si eso fuera poco, cuando David salió dando tumbos del laboratorio para acudir a su profeta en busca de guía, lo encontró así.

El terremoto había arrojado la estatua de Louis Agassiz de cabeza contra el concreto.[13] Una vista ridícula. El remate de un chiste. Sus pies apuntando al cielo y su pequeña mano de mármol sujetando todavía su libro de ciencias, ese texto que según él trazaría el camino hacia el orden y que lo había llevado hasta su inexorable final, su cabeza enterrada en la (dado que el concreto no es sino agua mezclada con...) arena.

Si yo fuera la directora de esta puesta en escena en particular, les diría a los diseñadores que le bajaran dos rayitas. Pero ni hablar, esto es lo que el universo nos dio. Para mí, más claro ni el agua: el Caos manda.

En ese momento yo me habría dado por vencida. Mi profeta profanado, mi sueño hecho pedazos, décadas de persistencia vueltas nada, me habría dirigido al sótano para ceder, finalmente, a la *gran tentación*.

Pero ¿qué hizo David?

¿Qué hizo nuestro cuidadoso hombre de ciencia, que por sobre todas las cosas quería conocer el mundo por lo que realmente era? ¿Escuchó lo que parecía ser el mensaje obvio del terremoto? ¿Que la entropía es la manera en que el mundo funciona y ningún ser humano puede cambiar eso?

No. Aquí es cuando el bastardo, el maravilloso bastardo, saca su aguja de coser y la clava de lleno en la garganta de nuestro amo.

¿Cómo se le ocurrió eso, la idea de coser un nombre directamente en la carne? ¿Surgió del interior más profundo de David, la aguja como un recuerdo de su infancia convirtiendo trapos viejos en tapetes? ¿Alguien más lo sugirió? ¿Un colega? ¿Un estudiante? ¿Su esposa?

No lo sé. Por desgracia no he podido encontrar la historia del génesis de la técnica de la costura. Seguramente no fue el primer taxónomo al que se le ocurrió coser una etiqueta directo en un espécimen. Tan solo sabemos que fue el que supervisó el cambio de procedimiento de su propia colección, y que sus ansias por restituir el orden a sus peces son evidentes en los documentos que se conservan con sus solicitudes de ayuda. Pide «los servicios de un carpintero... para poner pequeños listones a lo largo de las repisas que contienen frascos de especímenes»,[14] «alcohol [para preservar los especímenes]»,[15] «abrazaderas de hierro para las paredes y los pisos».[16]

Sin embargo, las respuestas demoraron. El alcohol nunca llegó.[17] Los peces se quedaron ahí, vulnerables a los elementos, empezando a secarse y echarse a perder. De modo que David acudió a sus hombres, a sus discípulos en la misión del orden, y no encontró otra alternativa que armarlos de mangueras.

«Los escombros yacían en el suelo, húmedos con el agua que los profesores Snyder y Starks vertían sobre ellos día y noche con las mangueras»,[18] una de las imágenes más hermosas que me he topado, en una de las fuentes menos probables: *A Catalogue of the Type Specimens of Recent Fishes in the Natural History Museum of Stanford University*, de J. Böhlke, *The Stanford Ichthyological Bulletin*, volumen V.

Mangueras de las que el agua brota día y noche.

Día y noche.

El sol se levantaba y volvía a meterse, se levantaba y volvía a meterse, y dos de los colegas de David, ataviados con zapatos de hule, apuntaban con sus mangueras a la carne amontonada. ¿Es este un vistazo de la verdadera naturaleza de la persistencia? El frío y la incertidumbre salpicándoles la cara, su profeta volteado de cabeza afuera de su ventana, el ambiente lleno de polvo y ellos sin tener idea de cómo arreglar el desastre más allá de mantener las cosas mojadas. David corría de un lado a otro atendiendo a familias preocupadas, a estudiantes traumatizados, contadores universitarios con sus lápices atónitos, todo esto sin dejar de mandar frenéticos mensajes a colegas distantes para que le hicieran llegar etanol. *Día y noche*. Les permitió a los estudiantes dormir en el césped, dado que muchos de ellos estaban aterrorizados de los techos, del refugio.[19] *Día y noche*. Amigos y colegas habían descendido a la tierra. *Polvo al polvo*. El polvo asentándose temporalmente, dando una especie de tregua, luego levantándose para formar en las ventanas del laboratorio de David veloces remolinos cargados de ácaros y putrescina y bacterias, amenazando con arrancar el irreversible proceso de descomposicón.

Los hombres regaban y regaban y regaban.

Tal vez esa persistencia indómita sea hermosa.

Tal vez no es una locura, después de todo. Tal vez es la labor silenciosa de creer en el Bien. De creer que esa calidez que sabes que no existe en las estrellas puede existir en los demás seres humanos. Tal vez es algo parecido a la confianza.

Bajo esa luz fría y salpicada, un grifo girado a la izquierda por más de 48 horas parece incluso algo digno.

Por fin llegó un cargamento de etanol. David se apresuró al laboratorio para ayudar a sus hombres a empezar a clasificar la carne a sus pies. Esa aleta... ¿dónde la habían visto antes? ¿Dónde colocar esos ojos de contorno amarillo? Esto era una clasificación existencial. En el suelo había especies que aún no habían sido nombradas: si los taxónomos no podían localizarlas, estas especies dejarían de existir.

David recogió un fofo pescado café del tamaño de la palma de su mano, con puntos rojos en el lomo y la cola bifurcada. Miró fijamente uno de sus ojos negros de canica jaspeada, saqueando el laberinto de su memoria, sus muchos viajes alrededor del mundo. «¿Dónde te vi por última vez?», se preguntó. «¿En una red? ¿O en un arpón? ¿Dónde fue que te retorciste lentamente hasta morir al volverte mío?». Hizo una pausa. Entrecerró los ojos.

Y luego tuvo que dejarlo ir. Aventó la criatura... ¿al retrete? ¿A un bote de basura? Desconozco el borde preciso de ese agujero negro. Sucedió una vez. Luego otra. Cientos de veces. Mil. Mil peces desaparecidos.[20] Mil pequeños fracasos de la memoria.

¿Fue esta frustración el motor de la innovación?

No lo sé. Solo me queda imaginar ese primer pequeño pinchazo de la aguja. Por fin, reconoce a un pez: una cosa con apariencia de anchoa que luce, para mí, como cualquier pez de cualquier arroyo. Sostiene con una mano aquella minúscula criatura, como un joyero inspeccionando un diamante. En la otra mano está la aguja, lista para atacar. ¿Qué fue lo que David reconoció? ¿El atigrado tenue? ¿Los aros plateados alrededor de sus ojos? ¿El pequeño par de aletas pélvicas, como una mariposa traslúcida en su vientre? ¿Recordaba esas alas de celofán sacudiéndose furiosamente en el agua, intentando evadir su red, volando entre las raíces de los manglares, sobre la arena ondulada, a través del agua tibia y color turquesa de... este... dónde era... ¡Panamá! Sí, estaba seguro. ¡En la mano tenía el único holotipo del gobio de Panamá! *¡Evermannia panamensis!*

De acuerdo con los registros de la colección, este fue uno de los holotipos que el terremoto arrojó por el aire, casi dándolo por perdido para la ciencia, para luego ser recuperado.[21] Bueno, pues nunca más se le volvería a escapar.

Seguramente David ensartó el hilo en la aguja, luego clavó la punta en la carne de la garganta del gobio para sacarla del otro lado.[22] Enlazó una nueva etiqueta con su nombre directo en la piel y, bum, la criatura volvió a existir. *¡Evermannia panamensis!* Ese pequeño pendiente de Caos recapturado y vuelto a poner en orden gracias a la persistencia imperturbable de David.

¿Pero qué se estaba susurrando a sí mismo? Mientras barría los fragmentos del trabajo de su vida entera, mientras desechaba los peces que no podía reconocer, mientras arropaba a su pequeño hijo Eric en la cama la noche siguiente, a sabiendas de que los relámpagos y las bacterias y los movimientos de las placas tectónicas estaban a la espera —abundante, eternamente—, ¿qué se estaba diciendo con exactitud para animarse a sí mismo, para evitar ser aplastado por la futilidad que lo rodeaba?

Yo estaba cada vez más desesperada por saber. Habían pasado tres años desde que el hombre de cabello rizado me había dejado y el mundo seguía girando en silencio. Me lo había encontrado en una boda; nos habíamos abrazado, su canela lloviendo sobre mí. Eso era todo, pero yo todavía tenía esperanzas. Esperanzas de que algún día las cosas pudieran solucionarse entre nosotros, de que nuestro amor fuera lo suficientemente fuerte para resistir mi traición, los años de silencio, de volvernos un par de desconocidos. Se sentía bien tener fe en algo, fe en que hay entidades que trascienden las palabras y las acciones. Incluso si esa fe estaba carcomida por las polillas de la duda.

En los años intermedios me había ido de Nueva York y abandonado mi trabajo como reportera radiofónica. Me mudé a Virginia buscando refugio en un programa de escritura creativa, donde seguía imaginándome a mí misma en ese predicamento. Escribí sobre un cangrejo herradura narcisista que no sabía por qué su amante lo había abandonado. Escribí sobre una Jill que había perdido a su Jack. Escribí sobre una mujer que se hace amiga de una pared.

Cuando volvía a la casa familiar en Massachusetts durante las vacaciones, mis dos hermanas me tocaban el hombro, cada una a su modo, y me decían que era momento de seguir adelante. Mi hermana de en medio apretaba mi hombro con fuerza intentando animarme y hacerme recordar mi fuerza. La mayor lo tocaba más gentilmente, pasando sus dedos con suavidad como si fuera terciopelo (supongo que quería evitar infligirme más dolor). Hasta que un año decidí no volver a casa en Navidad. No quería enfrentar el agujero de cabello rizado que aquel hombre había dejado en nuestra mesa ni las pupilas de mis hermanas, dilatadas de preocupación. Me quedé en Virginia e intenté subir caminando hasta el pico de mi montaña favorita, pero el camino estaba cerrado debido a la nieve. Me senté en la reja de metal azul y busqué el atardecer, pero solo encontré niebla.

Mi departamento en Charlottesville estaba repleto de tazas de café. Cada una había empezado caliente, rebosante de esperanza, la esperanza de poder encontrar las palabras —para un cuento, una carta de amor, un mantra— que me sacaran de ese lío. Pero al caer la noche la taza de café estaba llena de sedimentos helados. Tan pesada que no podía levantarla. Las tazas empezaron a acumularse en los alféizares de las ventanas. Para cuando terminé mi tesis, mi departamento, un ático de paredes amarillas, había adquirido el olor de la tierra mojada.

Me mudé a Chicago. Mi amiga Heather dejó que me quedara en su cuarto de visitas durante algunas semanas, mientras decidía qué quería hacer. Fue increíblemente generosa. Me gustaba Chicago. Su clima frío. Su anonimato. Podía convertirme en quien yo quisiera. Me puse mis Converse y caminé por las aceras arenosas que parecían tener una pizca de burbujeante corrosión. Rebotaba. Sentí que podía convertirme en la persona que quería ser. No una persona infiel ni una persona depresiva, no una recipiente de la justicia cósmica. Una persona habitando un hogar feliz.

Pero en las noches que Heather no estaba, cuando salía con su novio y las luces moradas de la ciudad se derramaban a través de la ventana, me daba cuenta de que no podía ignorar mi situación. El vacío que era mi vida. Un vacío que solo se hacía más ancho y frío mientras yo me calentaba en la luz de mi esperanza.

Y eso: estaba desesperada. Sencillamente. Estaba desesperada por encontrar la manera de seguir adelante con lo que me parecía una misión condenada al fracaso. La línea precisa en las sagradas escrituras de David Starr Jordan que justificara el impulso de vida en los días más sombríos.

LO INDESTRUCTIBLE

Por fortuna, había suficiente material de referencia que explorar. Además de las memorias de David, existían incontables documentos: cuentos para niños, ensayos filosóficos, poemas, sátiras, diarios, guías para recolectar peces, libros sobre el humor, sobre la templanza, sobre la diplomacia, planes de estudio, editoriales, etcétera. Más de 50 libros, en total, y cientos de otros textos.

Empecé con los cuentos infantiles, el lugar donde a menudo ponemos al descubierto nuestra instrucción moral. Había uno llamado «El águila y el escinco de cola azul» (el escinco es una lagartija), en el que un águila desciende en picada y le arranca la cola a un escinco de cola azul.[1] En venganza, el animal herido se apresura a subir hasta el nido del águila, donde devora un montón de sus huevos pensando: «Estos huevos contienen suficiente carne como para hacerme una cola nueva». Y así siguen: el águila descendiendo para arrancarle la cola nueva, la lagartija subiendo al nido para engullir más huevos, más y más, ninguno de los oponentes derrotado realmente, dado que siempre queda, escribe David, «suficiente carne en la cola para hacer más huevos y suficiente carne en los huevos para una nueva cola azul». Para mí, es una meditación sobre la futilidad de la venganza, o quizá una muestra algo sangrienta de las leyes más fulminantes de la física, la ley de la conservación de la materia: *La materia no se crea ni se destruye*. La mayoría de sus historias trataban de esto. Presentaban un mundo claustrofóbico en el que los personajes no podían escapar de las frías reglas de nuestro universo. En otro cuento, una niña llamada Barbara es atacada por un coyote que se escabulle una noche por la ventana.[2] A esto le sigue una terrible pelea que por fin termina cuando Barbara toma una de sus muñecas y la mete cada vez más profundo en la garganta del coyote hasta que este estornuda y su cabeza se desprende de su cuerpo, en caricaturesca representación de la ley de Boyle, según la cual el volumen disminuye si la presión aumenta. La magia no existía, ni siquiera para los niños. Solo la sobrevivencia que viene del aprovechamiento creativo de estas reglas frías y severas.

Sin haber encontrado la fórmula secreta para la fe en sus cuentos infantiles, continué con sus sátiras sobre «esciosofía». Lo que empezó como golpes aislados y juguetones dirigidos a los parapsicólogos había florecido en una convicción hecha y derecha de que «intentar creer aquello que sabemos que es falso» podría llevar a la sociedad a la ruina.[3] El sufrimiento, la enfermedad, la ignorancia y la guerra eran solo algunas de las cosas por las que David culpaba al pensamiento mágico.[4] En un texto llamado «Ciencia y esciosofía», publicado en *Science* en 1924, alaba como un héroe a Giordano Bruno, el astrónomo del siglo XVI que fue quemado en la hoguera por creer que la Tierra no era el centro del universo.[5] Según la leyenda, antes de ser ejecutado Bruno bromeó: «La ignorancia es la ciencia más deliciosa del mundo, ya que se adquiere sin trabajo ni dolor y mantiene a la mente alejada de la melancolía».[6] David usa esa cita para acusar a sus lectores y advertirles que, si alguna vez han optado por cerrarse a verdades incómodas en nombre de la felicidad, son cómplices de los asesinos de Bruno.

Cada vez sonaba más como mi padre. El modo correcto de vivir era admitir tu insignificancia en cada aliento y darle sentido a la vida desde ahí. Yo podría verlo a donde quiera que volteara. Firmes advertencias contra la ignorancia, contra el pensamiento mágico. En su bibliografía para una clase sobre la evolución, por ejemplo, incorporó una sección completa sobre la impotencia cósmica del hombre. «La naturaleza no respeta a las personas», escribe. «Manipulación imposible... Sus leyes inmutables... El que las desafía empuña un garrote de aire».[7] No puedo más que imaginarme las apasionadas diatribas que acompañaban a estas notas, el puño en alto. Su puño cósmicamente impotente.

Esto está presente incluso en sus ensayos sobre la templanza. ¿Por qué se oponía tanto a las drogas, al fin y al cabo? ¡Porque te hacen sentir más poderoso de lo que eres! O, en sus propias palabras, «fuerzan al sistema nervioso a mentir».[8] El alcohol, por ejemplo, hace a quien lo bebe «sentirse acalorado cuando tiene frío, sentirse bien sin motivo, sentirse emancipado de las restricciones y reservas que constituyen la esencia de la edificación del carácter». En otras palabras, una visión demasiado optimista de ti mismo se contrapone a tu propio desarrollo. Te mantiene estancado y moralmente incipiente, retrasa el crecimiento. Una vía rápida a convertirte en una piltrafa.

Pero si esa era su verdadera visión del mundo, si se tomaba el exceso de confianza con tanta cautela, ¿cómo demonios manufacturó su persistencia? ¿Cómo se levantaba y salía de su casa en los peores días, cuando todo parecía perdido, desmoronado, sin esperanza?

Finalmente di con lo que parecía ser la pista más prometedora. Un librito negro llamado *La filosofía de la desesperanza* en el que David confiesa que el problema con la visión científica del mundo era que, cuando la dirigías hacia el significado de la vida, te mostraba una sola cosa: futilidad. «El fuego que encendemos se agota en las brasas; los castillos que construimos se desvanecen ante nuestros ojos. El río se hunde en la arena del desierto... Hacia donde sea que miremos, podemos describir el curso de la vida en metáforas desalentadoras».[9] ¿Qué hacer, entonces?

Puritano, David recomienda poner manos a la obra. El «dolor del alma... se desvanece»,[10] escribe, «con un estilo de vida activo, al aire libre, y el consecuente flujo de buena salud».[11] Asegura que la salvación está en la electricidad de nuestro cuerpo. «La felicidad viene de hacer, ayudar, trabajar, amar, pelear, conquistar», escribe en un *syllabus* de esa época, «del ejercicio de las funciones, de mantenerse activo».[12] No lo pienses demasiado, creo que es su punto. Disfruta el viaje. Saborea los pequeños detalles. El «suculento» sabor de un durazno,[13] los «espléndidos» colores de los peces tropicales,[14] la ráfaga que el ejercicio provoca y que nos permite experimentar «la dicha sobria que sienten los guerreros».[15] Hacia el final del libro, cita a Thoreau: «No hay esperanza para ti a menos que consideres este pedazo de tierra bajo tus pies el más dulce de este mundo, de cualquier mundo»,[16] y luego despide a sus lectores con un canto entusiasta de *carpe diem*. «En ningún lugar es el cielo tan azul, el pasto tan verde, los rayos de sol tan brillantes, la sombra tan agradable que justo aquí, ahora, hoy».

¿Y si estás teniendo un mal día? Bueno, David es muy poco empático con la gente que está teniendo un mal día. La conclusión defintiva de *La filosofía de la desesperanza* es que la desesperanza es algo que se elige. La considera una fase natural de la adolescencia, pero se burla de aquellos incapaces de sacudírsela. Los llama impostores flojos y quejumbrosos que se adhieren a la «moda del espíritu decaído»[17] para imitar a los «reyes tristes»[18] de la literatura. Los acusa de tener aliento «sulfuroso» (*sic*). El tufo a muerte. Dice que el problema de pasarse las horas ponderando la futilidad de la vida es que desvías la preciosa electricidad que te fue dada por la evolución —esos iones sagrados que pueden provocarte tantas sensaciones increíbles y pensar ideas maravillosas— para tirarla por el desagüe de la indagación existencial, provocando, literalmente, «la muerte en vida».[19]

Sentí una oleada de vergüenza que me resultó familiar. Era la misma sensación que tenía al ver a mi papá caer de panza sobre un lago helado y emerger dando gritos felices con su sonrisa espumosa. ¿Por qué era incapaz de vivir como él? ¿Qué estaba haciendo mal? Desesperada por encontrar una respuesta, seguí leyendo, escudriñando las diatribas de David sobre la higiene, el humor, la diplomacia, el pacifismo; sus poemas, las notas para sus clases, sus polémicas contra el alcohol y el lápiz labial y la guerra. Hasta que una tarde finalmente di con lo que buscaba.

Un antídoto contra el terror. Una receta para tener esperanza. Estaba enterrada al fondo de la bibliografía para una clase que dio, llamada Filosofía de la Evolución. Resulta que dedicó una sesión completa al asunto que me obsesionaba, el problema de aceptar la visión científica del mundo: «¿Llevan estos enfoques de la vida al pesimismo?».[20] Hacia el final de la clase ofrecía a sus estudiantes una especie de conjuro mágico. Una manera de difuminar el frío del Caos. En tipografía Courier, una frase de tan solo ocho palabras: *Hay grandeza en esta visión de la vida.*

Quedé horrorizada. Ahí estaba. El mismo truco de mi padre. Las palabras que hasta la fecha cuelgan en un marco encima de su escritorio. El llamado a las armas de Darwin. Si bien David parecía muy distinto a mi papá —provocador, lleno de esperanza y fe—, no tenía nada nuevo que ofrecerme después de todo. Tan solo un recordatorio de lo que siempre me habían dicho. La grandeza existe y, si no puedes verla, es culpa tuya.

Decidí hacer aquello que más me ayudaba a tener esperanza. Beber. Vino tinto o cerveza o whisky. No me importó. Todavía estaba en Chicago. Habían pasado dos meses. Era diciembre. Participaba en varios proyectos, escribiendo para un blog de ciencia y presentando tantas historias para radio como me era posible. Escribí una sobre violencia entre grillos. Otra sobre violencia entre seres humanos. Otra sobre violencia entre garrapatas. Heather y yo nos pasábamos las noches cocinando, viendo películas, a veces íbamos a alguna charla. Me aseguraba de que toda actividad incluyera una bebida alcohólica, luego otra y otra más. Se sentía bien tener *calidez sin motivo*. Podía redescubrir mi risa, los resortes que activaban mi sonrisa. Cuando despertaba a la mañana siguiente, el mundo se sentía extra triste, sí, mi cara extra hinchada y desagradable, sí; pero bastaba con esperar a que cayera otra vez la noche para que todo brillara otra vez.

Una vez quedé de verme con una amiga, Stanzi, en un bar en Rogers Park. Ordenamos un par de cervezas stout y empezamos a hablar del trabajo. Ella estaba colaborando en un proyecto de poesía en la radio. Platicamos sobre la división entre las ideas y las palabras. Sobre lo difícil que puede ser ver a tus palabras caer planas, *kersplat*, ante otra persona. Lo solitaria que una puede sentirse dentro de una mente llena de ideas que no pueden ser articuladas. Y sobre el peligroso poder que tienen los pocos que parecen entenderte. Le conté de mi obsesión con David Starr Jordan, el terremoto, la aguja de coser. «Lo que no entiendo es *por qué*», le dije. «¿Qué lleva a una persona a seguir adelante?».

En el momento, mi amiga tan solo musitó: «Huh», lo cual me desanimó. Pero al día siguiente me llegó una respuesta más larga por correo:

> y tu historia, el hombre que construye algo tan precioso, tan fascinante... tan solo para verlo caer... ¿dónde vuelve a colocar su voluntad de seguir? Kafka lo llama lo Indestructible, eso que está al fondo de cada uno de nosotros y que sigue funcionando, queramos o no. Lo Indestructible es un lugar que no tiene nada que ver con el optimismo —es algo mucho más profundo y mucho menos consciente que el optimismo—, lo Indestructible es eso a lo que le ponemos todo tipo de máscaras, símbolos, esperanzas, ambiciones, que no

nos obligan a reconocer lo que hay detrás. Bueno... si logras eliminar todos esos excesos (o te fuerzan a ello), llegas a lo Indestructible y, una vez que lo reconoces, Kafka va más profundo —no te permite pensar que lo Indestructible es optimista o positivo—, más bien es aquello que de hecho podría separarnos radicalmente y destruirnos...

Y así continúa...

Me encantó. *Lo Indestructible.* Era un concepto glorioso porque me daba permiso de no tener que responder a la pregunta de si estaba loca por insistir en metas poco realistas. Lo único que prometía era que, de desobedecerlo, me destruiría. Pero pensé que era adecuado para David Starr Jordan. Lo Indestructible parecía una aflicción para tontos. Románticos. Farsantes aficionados a los reyes tristes, tan impulsados por su pasión interior que esta podía empañar su visión del mundo. ¿Pero David Starr Jordan? Para nada. El trabajo de toda su vida estaba comprometido con *limpiar* el vapor que esa pasión puede dejar en los lentes a través de los cuales vemos el mundo.

Para asegurarme de eso, volví a sus memorias. Armada con esta nueva palabra, *Indestructible* —que supuestamente daba vida a ideas previamente inertes para mí—, busqué evidencia de ello escondida en las descripciones de David. Releí los capítulos sobre la muerte de Rufus, la muerte de Susan, la muerte de Barbara, el relámpago, el terremoto, hasta que lo encontré.

Estaba enterrado en una larga sección de tipografía microscópica. Era una cita de su propia obra, un ensayo personal escrito unos días después del terremoto, con el dolor crudo todavía, incapaz de procesar el alcance del daño a San Francisco:

> Nunca desde que el hombre empezó a planear y crear había habido una destrucción tal de los resultados del esfuerzo humano. Nunca una calamidad de estas proporciones había sido enfrentada con tan poca aflicción. Nunca antes el hombre común se había mostrado tan lleno de esperanza, tan valiente, tan seguro de sí mismo y de su futuro. Dado que es el hombre, después de todo, lo que sobrevive, y es la voluntad del hombre lo que le da forma al destino.
>
> Es la lección del terremoto y del fuego que el hombre no puede ser sacudido y no puede ser quemado. Las casas que construye están hechas de naipes, pero él está listo para reconstruirlas de ser necesario. Construir una gran ciudad es algo maravilloso, y aún más maravilloso es ser una ciudad, ya que una ciudad está compuesta de hombres y el hombre se alzará siempre por encima de sus propias creaciones. Aquello que es el hombre es más grandioso que todo lo que es capaz de hacer.[21]

Qué llamado a las armas tan magnífico y conmovedor. Qué gloriosa palmada en la espalda y apretón en el hombro. Excepto por un pequeño detalle que queda al descubierto al examinar sus palabras con detenimiento. El granito de arena al centro de la perla es una mentira.

Es la voluntad del hombre lo que le da forma al destino.

Era el tipo de mentira que había prometido no decirse nunca. El tipo de mentira que había advertido que conduciría al mal. El tipo de mentira a la que se había opuesto toda su carrera —¡La naturaleza no respeta a las personas!—, el tipo de mentira contra la que dijo que valía la pena luchar hasta la muerte. Hasta David necesitaba creer en ella para que la desesperanza no terminara con él.

SOBRE EL AUTOENGAÑO

Así es. Mientras David barría los pedazos de cristal de su laboratorio, a medida que empezaba a intentar reconstruir su vida, se susurraba a sí mismo una mentira.

Es la voluntad del hombre lo que le da forma al destino.

Era impactante, una sorpresa dado aquello que él parecía representar. Pero, considerando el hecho de que David pudo, finalmente, rescatar gran parte de su colección, considerando los miles de especímenes que sobreviven hoy, casi un siglo más tarde, considerando que la vida de David Starr Jordan terminó siendo exitosa en tantos sentidos —las esposas, las presidencias, los reconocimientos, el jardín del Edén con todo y sus monos cabalgando perros y sus pericos que hablaban latín y sus niños aficionados a la taxonomía—, empezaba a preguntarme si el autoengaño era en realidad algo malo. Quizá mi padre y él no debieron mostrarse tan moralistas al respecto, llamándolo un pecado para evitarlo a toda costa.

Decidí dejar mi moralidad a un lado por un momento para ver qué tenían que decir los profesionales al respecto. ¿Era el autoengaño tan peligroso como David y mi padre advertían?

Durante mucho tiempo las autoridades morales de la sociedad hubieran respondido que sí. La Biblia, según he escuchado, desprecia el autoengaño, llamando a la arrogancia un pecado capital y prometiéndole a quienes se abstuvieran de él la recompensa más grande de todas: *Bienaventurados los humildes, pues ellos heredarán la tierra*. Los antiguos griegos también eran famosos por oponerse a la arrogancia: Ícaro cayó del cielo dando tumbos, despojado de cera y plumas por el sol. Durante la Ilustración, Voltaire condenó al optimismo como el peor de los males por su manera de cegarnos ante el sufrimiento. Para el siglo XX, los expertos en medicina estuvieron de acuerdo. El autoengaño era visto como un defecto mental por influyentes psicólogos como Freud, Maslow y Erikson, un problema de perspectiva que podía corregirse con terapia.[1] Una visión realista de la vida, por el otro lado, era considerada un «emblema de salud mental».[2]

Sin embargo, a medida que avanzaba el sigo XX, los psicólogos clínicos empezaron a notar algo extraño. Sus pacientes más sanos, los que llevaban las vidas más fáciles, los que se recuperaban más rápidamente de los contratiempos, los que tenían trabajo, amigos, amantes, todas las fichas que se pueden conseguir en la vida, parecían llevar consigo la optimista marca del autoengaño. Así que, a principios de los años setenta, una ola de investigadores empezó a conducir experimentos para ver qué tan cierto era. Una y otra vez encontraron que, en efecto, las personas mentalmente sanas se consideraban más atractivas de lo que eran, más atentas, más inteligentes, con más control sobre los eventos azarosos (como el lance de dados o la selección de los números ganadores de la lotería) del que en realidad tenían.[3] Al mirar hacia el pasado, recordaban sus éxitos con más facilidad que sus fracasos. Al ver hacia el futuro, consideraban que sus probabilidades de triunfar eran mayores a las de sus amigos y conocidos.

Por otro lado, ¿qué pasaba con aquellos que tenían la aclamada virtud de la percepción realista? Ding, ding, ding, es correcto: deprimidos clínicos. Sus vidas estaban llenas de conflicto, se les dificultaba recuperarse de los obstáculos, a menudo tenían más problemas en el trabajo y las relaciones personales.[4]

De modo que se hicieron algunas modificaciones al *Manual diagnóstico y estadístico de los trastornos mentales*. Un par de rasgos pasaron de la proverbial columna de *enfermizo* a la de *sano*. El término *engaño* se convirtió en «ilusiones positivas», y para finales de la década de los ochenta, en gran parte debido a un artículo seminal de los psicólogos Shelley Taylor y Jonathon Brown que consideraba más de 200 estudios que habían arrojado un rango de beneficios de vivir con una visión del mundo positiva, se volvió ampliamente aceptado que una pizca de autoengaño... era bueno para la salud.[5]

Todo esto es bien conocido. Lo que no lo es tanto es que este cambio de creencias respecto a cómo una persona sana debe estar orientada a la realidad alteró lo que sucede en la oficina de los terapeutas. Muchos de ellos empezaron a aplicar técnicas como «edición de la historia» o «replanteamiento» para persuadir gentilmente a un paciente a pintar su autopercepción de un tono más alegre. El autoengaño debía ser moderado, ahí estaba la clave. Múltiples estudios concluyeron que la negación extrema y el engaño constituían conductas inadaptadas, pero ¿y las mentiras piadosas, las blancas, las mentiras rosadas como pequeños capullos? Esas podían traer enormes beneficios. La idea era que, si podías tomar a una persona que estaba pasándola mal y ayudarla a redirigir su narrativa sobre sí misma hacia un camino más positivo —uno en el que fuera un poco más fuerte, más generosa; en el que su rompimiento no fuera tanto culpa suya como quizá era en realidad—, entonces podrías ver efectos *profundos* en su vida.

A Tim Wilson, psicólogo de la Universidad de Virginia, el peso que unos pequeños ajustes a la narrativa podrían tener sobre una vida le sorprendió tanto que escribió un libro entero, llamado *Redirect* (Redireccionar), que compila algunos de los efectos más dramáticos. Los estudiantes universitarios que habían recibido «intervenciones de edición en sus historias» sacaban mejores calificaciones, desertaban menos de la escuela y hasta gozaban de mejor salud años después. Los trabajadores se presentaban más a menudo al trabajo. Las personas traumatizadas a las que se les enseñaba a retocar la historia de lo que había pasado lograban llegar más rápido a un lugar de paz.[6]

—¿Importa que te estés mintiendo a ti mismo? —le pregunté a Wilson.

—¿Cuál es el daño de hacerlo? —contestó—. Si vence un miedo y no lleva a conductas inadaptadas en el futuro, no le veo ningún problema.[7]

—¿Una pequeña mentira puede lograr mucho?

—Exacto.

Mientras leía más y más en esa bolsa de Mary Poppins que parecía no tener fondo sobre lo que las ilusiones positivas eran capaces de aportar[8] —un sentido más profundo de bienestar, relaciones laborales y personales más exitosas, incluso mejor salud física—,[9] caí en cuenta de que quizá mi papá había desviado mi camino con su insistencia en la humildad extrema. Puede que el mayor don que nos haya otorgado la evolución sea la habilidad de creernos más poderosos de lo que somos. Ser humano es una carga pesada, explican los psicólogos. Vas por ahí sabiendo que le importas muy poco al mundo, que por mucho que te esfuerces nada te garantiza que tendrás éxito, que estás compitiendo contra billones de personas, que eres vulnerable a los elementos y que todo lo que amas tarde o temprano será destruido. Una mentirita puede relajarte y ayudarte a seguir adelante en el pozo de la vida en el que a veces, por accidente, prevaleces.

Los años ochenta avanzaban y las pulseras de plástico, las camisetas color neon y los libros sobre crianza con tácticas para aumentar la autoestima de los niños se imprimían y compraban al por mayor. Lo que antes se consideraba sospechoso, ahora se recetaba en las oficinas de los psicólogos,[10] incorporado con entusiasmo en los manuales de enseñanza e incluido en los planes de estudio de escuelas primarias.

La década de 1990 trajo los tazos, las cartas de Magic y una declaración en un reporte del Instituto Nacional de la Salud Mental según la cual «una cantidad considerable de evidencia sugiere beneficios psicológicos positivos para aquellas personas que creen que su futuro será mejor de lo que tienen derecho a esperar. Dicho optimismo mantiene a las personas en un buen estado de ánimo, las motiva a esforzarse para lograr sus objetivos y les brinda una sensación de control sobre su propio destino».[11]

A principios de la primera década del siglo XXI una profesora de matemáticas de preparatoria llamada Angela Duckworth decidió hacer un doctorado en psicología. Llevaba años preguntándose por qué algunos estudiantes parecían tener más dificultades que otros.[12] Quería averiguar cuál era la clave del éxito. Algunos años después descubrió un rasgo al que llamó *grit* y que parecía el ingrediente mágico. *Grit.* Una palabra más fácil de recordar que persistencia. *Grit.* La insistencia robótica en «objetivos de muy largo plazo» sin «retroalimentación positiva».[13] *Grit.* La habilidad de golpearse la cabeza contra la pared una y otra vez. La había visto en cadetes de West Point y directores ejecutivos de grandes empresas y personas destacadas de cualquier ámbito. Músicos. Atletas. Chefs.[14] Olvidemos el talento, la creatividad, la generosidad, el IQ. Este tipo de persistencia parecía ser aquello que te haría seguir adelante.

¿Y qué falla cognitiva te ayuda a tener *grit*? Ilusiones positivas.[15] Otros estudios mostraban que las ilusiones positivas disminuían la probabilidad de experimentar desaliento tras los contratiempos.[16] Y si bien el *grit* es un coctel de una variedad de rasgos de personalidad, uno de los más importantes es precisamente ese: la habilidad de seguir adelante a pesar de todo, de seguir a pesar de que no exista evidencia alguna de que puedes lograr lo que buscas o, como lo planteó Duckworth, «mantener el esfuerzo y el interés a lo largo de los años a pesar del fracaso, la adversidad y el estancamiento ocasional en el camino».[17]

Quizá lo mejor del *grit*, su atributo más útil, el que mejor cuadra con el sueño americano, era que no parecía tener base biológica. ¡*Grit*, esta cualidad mágica que podía convertir los sueños en realidad, podía ser enseñada! Si escribes *grit* en Amazon hoy en día encontrarás una larga lista de libros con instrucciones para lograrlo.

Grit: Cómo seguir adelante cuando quieres darte por vencido

Grit: La nueva ciencia para perseverar, florecer y triunfar

Del grit a la grandeza: Cómo la perseverancia, la pasión y el valor pueden convertirte de ordinario en extraordinario

En la pantalla también aparece una botellita. Un frasco de píldoras negras con letras verde neón que dice «*True GRIT Test Booster*» y contiene 120 tabletas de «suplementos avalados por la ciencia, basados en investigación y enfocados en resultados» que mejorarán tu rendimiento físico «del gimnasio... a las calles».

Pensé en la primera foto que vi de David Starr Jordan en mi vida. Esa en la que sale con el pelo canoso y despeinado y la mirada endurecida. Pensé en el «escudo de optimismo» que se sentía orgulloso de poseer, en su colega que dijo que siempre podía encontrar a David «tarareando una canción en los arcos de la plaza», sin importar si había tenido un mal día. En muchos sentidos, él es un niño *grit* modelo. Citando la definición de Duckworth casi al pie de la letra, David se describió a sí mismo con las siguientes palabras: «Me acostumbré a trabajar con persistencia hacia los fines deseados y a tomar los resultados con calma. Además, no me preocupo nunca por un infortunio una vez que este ha quedado en el pasado».[18] En efecto, a lo largo de su vida, es posible verlo esquivar la desgracia en tiempo real. Es algo así como un Rumpelstiltskin. Capaz de tomar cualquier rechazo, insulto o fracaso y transformarlo mágicamente en un cumplido. En un punto de sus memorias, transforma sin mayor esfuerzo una serie de fracasos en un ramo de cumplidos. En la universidad perdió el premio de botánica porque, según explica, su pensamiento era demasiado expansivo para las pruebas estandarizadas; perdió el premio de entomología porque era demasiado generoso (se «hizo a un lado» para dejar que un estudiante con menos recursos obtuviera el dinero); perdió el premio de historia francesa por ser demasiado ético (decidió no intentarlo siquiera porque sus reglas eran «injustas»).[19] El historiador Luther Spoehr, que escribió su tesis sobre David Starr Jordan, notó el mismo fenómeno: su habilidad de editar u omitir astutamente información que pudiera dañar la imagen que tenía de sí mismo.[20]

La destreza con la que David se defiende de posibles ataques a su carácter es notable. Impresionante, casi. Es como ver a un acróbata volar por los aires, dando piruetas que parecen imposibles. Allá va, enfrentando el lamentable hecho de las indiscreciones sexuales de su amado Charley. ¿Podrá lograrlo? ¿Mantenerse en vuelo? ¿No dejar que la información perfore su noble opinión de sí mismo y de su gente cercana? Parece que, de la nada, toma un trapecio, un asidero, una forma de mantenerse a flote. ¡Acusará al acusador de «perversidad sexual!».[21] ¡Y así —puf—, la acusación desaparece! Cuando Jane Stanford lo acusó de nepotismo, admitió nunca haber abierto aquel «baúl lleno de solicitudes para puestos en la facultad»,[22] pero dijo que fue por *ayudar* a la universidad. Dado que sus amigos eran los mejores científicos del mundo, ¿para qué considerar a personas desconocidas? *Voilà!* La crítica se convierte en una prueba de su virtud.

Al ver la manera que tiene David de conducirse, surge la pregunta de si alguna vez siente las picaduras de la crítica. ¿O se ha vuelto tan experto en empuñar su fiel escudo que ni siquiera llegan a tocar su corazón?

Sea como sea, le funciona. Pierde una esposa y gana otra rápidamente. Pierde una colección de peces y construye una más grande. Es promovido a puestos cada vez más altos. Los premios y medallas empiezan a acumularse: por sus labores académicas, por sus logros de ictiología, por sus contribuciones a la educación superior. Una extraña alquimia del autoengaño ante nuestros ojos. Pequeñas mentiras transformándose en bronce, plata y oro. Olvidemos los milenarios llamados a la humildad; quizá es así como funciona un sistema libre de Dios. Puede que David Starr Jordan sea la prueba de que una dosis estable de arrogancia es la mejor manera de superar las probabilidades en contra.

«Cada era tiene los lunáticos que se merece», escribió alguna vez el historiador británico Roy Porter.[23]

Entonces, ¿qué será de nosotros?

Esta nación programa a sus niños para ignorar la realidad cuando así convenga. A decirse a sí mismos lo que sea necesario con tal de seguir adelante. ¿Vivir detrás de un par de anteojos rosados tiene alguna desventaja?

Resulta que hay un pequeño ejército de investigadores regados a lo largo y ancho del país que está investigando precisamente eso. Sus metodologías son curiosas. Van con sus cuadernos detrás de personas engreídas, acompañándolas a sus oficinas y escuelas, tomando nota de sus debilidades sociales. Y sus resultados cuestionan la idea de que las ilusiones positivas producen un bien rotundo. Delroy Paulhus concluyó que, si bien los estudiantes universitarios se ven inicialmente atraídos hacia sus compañeros de autoestima inflada, el grupo no tarda en cansarse de ellos y calificarlos de forma negativa.[24] Tomas Chamorro-Premuzic descubrió que el exceso de confianza tiene costos laborales muy altos.[25] Uno de los estudios más ampliamente citados que aseguran que las ilusiones positivas están correlacionadas con una mejor salud física resultó contener errores que anulaban sus hallazgos.[26] Michael Dufner, que hizo un metaanálisis de cientos de estudios sobre «automejora», reveló que, con el tiempo, los alardes de una persona excesivamente segura de sí misma pueden terminar por alienar a los que la rodean; sin notarlo siquiera, la persona excesivamente confiada puede estar perdiendo los beneficios asociados a ser apreciado en una comunidad:[27] menos tacitas de azúcar del vecino, menos invitaciones a comidas, menos recomendaciones laborales positivas.

Y no es solo el daño social. Dentro de la gruesa burbuja del autoengaño, el dolor puede acumularse lentamente. Wilberta Donovan descubrió que las madres recientes con una alta ilusión de control experimentaban más sentimientos de impotencia cuando sus bebés no paraban de llorar que sus contrapartes con tendencias depresivas.[28] Tras observar a un grupo de estudiantes universitarios durante cuatro años, Richard Robins y Jennifer Beer encontraron que, si bien los estudiantes con altas ilusiones positivas eran más felices en el corto plazo (dado que pensaban que llevaban a cabo ciertas tareas mejor de lo que en realidad lo hacían), la valoración de su bienestar propio cayó en picada con el tiempo. Te estás preparando para una decepción, explicaron Robins y Beer: «beneficios a corto plazo, pero costos a largo plazo».[29] En otras palabras, la mentira nos alcanza. El poder de los lentes rosas parece tener un límite. Y cuando se agote, la impotencia va a doler.

Pienso en estos psicólogos como si fueran la tropa discreta y desaliñada de porristas por la baja autoestima.

Sus pompones están un poco caídos.

Echan porras susurrando.

¡Sé HUMILDE! ¡Permanece TRISTE!

¿¿Quién es el mejor??

¡TÚ NO!

Y su líder de cabeza gacha es probablemente Roy Baumeister, un psicólogo que se adentró en estos temas cuando comenzó a investigar las causas psicológicas de la agresión. Según la sabiduría popular, explica Baumeister, «la baja autoestima subyace a la agresión»,[30] pero él quería estar seguro. Así que tomó a un montón de estudiantes universitarios con niveles variados de autoestima, los insultó y esperó a ver qué pasaba.[31] Midió su violencia, por cierto, viendo cuán fuerte era el sonido que lanzaban a la gente. Hacer ruido o no hacer ruido, esa es la cuestión. Y fue testigo de algo impactante. Algo que, dado que se produjo inmediatamente después de un esfuerzo tan grande por aumentar la autoestima de los chicos, lo preocupó enormemente.

Que fueron aquellos con una visión grandiosa de sí mismos quienes atacaron.[32] Dicho de otro modo, Baumeister y su colega Brad J. Bushman descubrieron algo que las personas deprimidas siempre han sabido. Si le dices a una persona de baja autoestima «No vales nada», ella responde «Tienes razón» y se vuelve a meter entre las cobijas. Es la persona hinchada de amor propio la que cree lo suficiente en sí misma como para calificar un insulto como falso y molestarse en contraatacar.

«Los agresores a menudo tienen opiniones muy positivas de sí mismos», escriben Baumeister y Bushman, «tal y como lo demuestran el imperialismo nacionalista, las ideologías de la "raza superior", los duelos aristocráticos, los *bullies* en el patio de recreo y la retórica de las pandillas callejeras».[33] Es curioso, también, la cantidad de personas que obtendrían una puntuación alta en las pruebas de ilusiones positivas y que comparten un rasgo peculiar con David Starr Jordan: la creencia de que pueden controlar el Caos con sus propias manos. Fidel Castro alguna vez propuso construir un escudo alrededor de Cuba para protegerla de los huracanes.[34] El alcalde de Moscú, Yury Luzhkov, quería terminar con la nieve rociando una bruma química de cemento sobre las nubes.[35] Y hablando de barreras de cemento, hubo una vez un hombre de cierto poder en Estados Unidos que pensó en construir un muro «físicamente imponente»[36] de concreto o acero[37] para protegerse de una fuerza tan inevitable y enriquecedora como el viento.

Baumeister y Bushman se apresuran a señalar que no toda alta autoestima es mala. ¡A menudo se encuentran en la necesidad de explicar, con las palmas en el aire, que una alta autoestima puede ser excelente! Una alta autoestima, dicen, puede hacer que te sientas extrañamente pacífico (o «excepcionalmente no agresivo»), pues te sientes tan cómodo contigo mismo que las críticas no amenazan el valor que te confieres. Lo peligroso, señalan, es el subconjunto muy pequeño de personas de alta autoestima fácilmente amenazada.

«En términos más simples», escriben Baumeister y Bushman, «las más peligrosas no son las personas que se consideran superiores, sino aquellas que tienen un deseo poderoso de considerarse superiores... aparentemente, las personas que están preocupadas por validar una imagen grandiosa de sí mismas encuentran la crítica muy molesta y arremeten contra su fuente».[38]

Pensé en el espeluznante pez que había visto en Stanford, el único pez en el mar que David Starr Jordan había nombrado en su honor. El espinoso dragón que parecía banda de Möbius, con dos lados opuestos enroscados uno en el otro con suavidad. Jordan Sin Esquinas. ¿Había un mensaje oculto en su elección? ¿Un guiño a un lado oscuro subyacente a su encanto?

«Uno de los talentos de doble filo de Jordan», escribe Luther Spoehr, «fue su capacidad de persuadirse a sí mismo de que estaba haciendo lo correcto y luego perseguir su objetivo con una energía aparentemente ilimitada. Se enorgullecía de su tolerancia y liberalismo, pero... Jordan no se mostró reacio a usar un cañón para aplastar una mosca».[39]

LA COSA MÁS AMARGA DEL MUNDO

VOLVAMOS A 1905. UN AÑO ANTES del terremoto. Cuando la colección de pescados de David todavía estaba en pie, pero su presidencia parecía a punto de derrumbarse. El espía de Jane Stanford había escrito un reporte bastante negativo en el que acusaba a David de ocultar un escándalo sexual y de manejar la universidad como el líder de una «pandilla».[1] El reporte había circulado en la junta directiva y, según los rumores, Jane estaba a punto de despedirlo.[2]

Fue una coincidencia extraña, entonces, que ella fuera envenenada apenas un par de semanas después de haber arrancado el año. Según los informes, el 14 de enero de 1905 se encontraba en su casa de la ciudad de San Francisco, preparándose para acostarse, cuando tomó un gran trago de agua de su fuente habitual, el garrafón de su cocina. Saboreó algo tan alarmante y astringente que de inmediato se metió los dedos en la garganta para forzar el vómito. Llamó a sus asistentes, Bertha y Elizabeth, para que la ayudaran. Después de calmarla, ambas probaron el agua y, notando un sabor «extraño» y «amargo»,[3] llevaron el garrafón a un químico cercano, quien lo analizó y encontró que contenía cantidades letales de estricnina.

Jane sobrevivió, pero, como es comprensible, quedó conmocionada. El detective encargado no dio con ninguna pista; la investigación se había centrado únicamente en el personal que trabajaba en su casa —la criada, la cocinera, la secretaria, el exmayordomo— y terminó por liberar a todos de la responsabilidad.[4] Un novelista a quien el *San Francisco Examiner* le pagó para especular sobre las intenciones del delincuente propuso que el culpable era un subordinado de Jane que había estado «cavilando sobre los defectos de su empleadora, intelectuales y de otro tipo» durante tanto tiempo que «el desprecio que produce la cadena de servidumbre» se había convertido en «el odio más asesino de todos».[5] Sabiendo que alguien la quería muerta, pero no *quién*, Jane zarpó hacia Hawái,[6] con la esperanza de que unas semanas en los trópicos calmaran sus nervios. Su secretaria de toda la vida, Bertha, viajó con ella, así como una nueva criada, May, y se instalaron en dos habitaciones en el hotel Moana, un nuevo y lujoso complejo con columnas jónicas, balcones ornamentados y un elevador eléctrico, justo en las orillas del barrio de Waikiki.

Según el informe meteorológico, el último día de vida de Jane fue asombroso.[7] Soleado, con altas temperaturas. Jane y su séquito, que habían estado en la isla durante aproximadamente una semana, decidieron tomar un carruaje hasta el mirador de Pali para hacer un picnic con buena vista. El personal del hotel preparó una canasta llena de pan de jengibre recién horneado, huevos duros, sándwiches de carne y queso, chocolates y café.[8] Durante unas horas se sentaron bajo la sombra, disfrutando la vista al mar, comiendo bocadillos y leyendo en voz alta una novela de ciencia ficción.[9]

Al caer la tarde regresaron al hotel, descansaron un poco y tomaron una cena ligera de sopa.[10] Luego, mientras Jane se estaba alistando para irse a dormir, le pidió a Bertha que preparara sus medicamentos: bicarbonato de sodio y cápsulas de cáscara de hierbas para la digestión. Bertha le acercó una cucharada de bicarbonato y una cápsula, y alrededor de las 9:00 p. m. ella y May se retiraron a su habitación al otro lado del pasillo.

Ranas cantando. Olas reventando. Sueño.

A las 11:15 de la noche, aproximadamente, los ayudantes de Jane se despertaron con gritos que venían del fondo del pasillo. «¡Bertha! ¡May!», exclamó Jane. «¡Me siento muy mal!».[11] Se apresuraron a la habitación de Jane, abrieron la puerta y la encontraron desplomada. Tenía problemas para abrir la boca, pues los músculos de la mandíbula comenzaban a apretarse contra su voluntad. A través de los ojos muy abiertos y los dientes en barricada, Jane sollozó: «No tengo control sobre mi cuerpo. Creo que me han vuelto a envenenar». La cuchara de bicarbonato de sodio brillaba, vacía, en su mesita de noche. Para ese momento, el hombre hospedado en la habitación de al lado, al tanto de la conmoción, se había apresurado a buscar a un doctor. Unos minutos más tarde el doctor Francis Humphris, somnoliento y de ojos saltones, llegó con una bolsa de medicinas en mano. Se sentó junto a Jane, palpando suavemente su mandíbula para intentar que sus músculos se relajaran, y le quitó la dentadura postiza para darle un poco de agua con mostaza para inducir el vómito.[12] Pero fue inútil. Jane miró al doctor Humphris con los ojos muy abiertos mientras su cuerpo comenzaba a contorsionarse de formas cada vez más extrañas. Sus dedos de los pies se enroscaron, sus puños se apretaron hasta convertirse en rocas y sus piernas se abrieron indecorosamente. Indefensa, horrorizada, miró algo fijamente, algo más allá de ella o en su interior, y suplicó a través de sus encías desdentadas: «Oh, Dios, perdona mis pecados».[13] Para las 11:30 p. m., tan solo 15 minutos después de que todo hubiera comenzado, estaba muerta.[14]

Dos doctores más llegaron en los siguientes 15 minutos, uno con una bomba estomacal colgando inútilmente de su mano.[15] Los tres médicos probaron el bicarbonato de sodio que quedaba en la botella y notaron un sabor inusual y amargo.[16] Al llegar, el alguacil envolvió la cuchara y el vaso en papel para enviarlos a la oficina del toxicólogo y mandó el cuerpo de Jane a la morgue.[17] Debido a la naturaleza de alto perfil del caso, siete médicos fueron convocados para conducir la autopsia; escanearon la piel de Jane buscando evidencia de cortes o abrasiones, pero, al no encontrar ninguno, descartaron el tétanos, que podría haber explicado las convulsiones y la mandíbula trabada.[18] El patólogo a cargo del caso, Clifford Brown Wood, quedó tan impresionado por la rigidez de los puños de Jane que no paraba de desenrollar sus dedos para verlos enrollarse de nuevo.[19] Desenrollar. Enrollar. Desenrollar. Enrollar. Los toxicólogos pusieron manos a la obra para examinar el contenido de la botella de bicarbonato de sodio y el contenido de los intestinos de Jane. En ambos encontraron rastros de estricnina.[20]

Se convocó a un jurado de seis ciudadanos, a los que se les mostró el cuerpo y se les hizo sentarse a escuchar testimonios durante tres días. Habló el toxicólogo, que había visto aparecer el color rojo brillante que indicaba la presencia de estricnina en la prueba química que realizó en los órganos de la difunta.[21] Habló la química, que había visto octaédricos cristales blancos de estricnina precipitarse en una solución hecha con su botella de bicarbonato de sodio.[22] Supieron del experimentado médico[23] que declaró que la rigidez inmediata de los músculos de Jane era mucho más extrema que el *rigor mortis*[24] y «una condición que no recuerdo haber visto antes [en 20 años de carrera] en ningún cuerpo».[25] Escucharon a tres testigos presenciales: Bertha, May y el doctor Humphris, quienes dieron testimonio de cómo habían visto a Jane convulsionarse hasta morir en cuestión de minutos.

Le tomó dos minutos al jurado llegar a un veredicto. Jane Stanford, decidieron, había muerto por «efectos de la estricnina introducida en una botella de bicarbonato de sodio con intenciones criminales por alguna persona o personas desconocidas para este jurado».[26]

Los periódicos anotaron el fallo e imprimieron las noticias antes del veredicto. Señora Stanford muere, envenenada, anunció con estruendo la portada del *San Francisco Evening Bulletin* del 1º de marzo de 1905.

Sin embargo, a más de 1500 kilómetros de distancia en la costa de California, David Starr Jordan no estuvo de acuerdo. Al enterarse de que la muerte probablemente se consideraría un envenenamiento, zarpó hacia Hawái. Le dijo al *New York Times* que su visita «no tenía nada que ver con la investigación que lleva a cabo la policía de San Francisco y Honolulu»,[27] que estaba allí solo para escoltar el cuerpo de Jane a casa. Pero los registros muestran que contrató a un nuevo médico y le pagó la considerable suma de 350 dólares, alrededor de 10000 dólares de hoy, para reexaminar el caso. El hombre que David seleccionó llevaba tan solo dos años practicando medicina.[28] Su nombre era Ernest Waterhouse, y aunque nunca inspeccionó el cuerpo ni ninguna de las pruebas, la explicación de la muerte de Jane dio un giro acrobático tras un vistazo a un libro sobre envenenamiento, conversaciones con un par de testigos y una serie de reuniones con el hombre que lo había contratado. En un memorando mecanografiado dirigido a David (que él le había indicado que preparara), el doctor Waterhouse declaró que «decididamente no» estaba convencido de que Jane Stanford hubiera sido envenenada. La cuestión era la *cantidad* de estricnina que había en su vientre y en la botella.[29] No estaba seguro de que fuera suficiente para haberla matado.

Pero, entonces, ¿cómo explicar las violentas convulsiones, la mandíbula rígida, todo el asunto... de su súbita muerte?

Una pausa.

¡El pan de jengibre!

Después de que Bertha, la secretaria de Jane, fuera entrevistada por segunda vez, ese picnic en el Pali se transformó en un grotesco banquete de pan de jengibre rancio.[30] Bertha declaró que el pan no estaba recién hecho, como ella había testificado originalmente a la policía (y como el hotel seguía afirmando), sino un poco crudo. Al descubrir su centro supuestamente húmedo, Jane no había dejado de comérselo, engullendo bocado tras bocado de aquella pastosa masa de huevo. Y aparentemente eso no fue todo. Según esta nueva entrevista con Bertha, Jane se comió ocho sándwiches, atiborrados de gruesas rebanadas de lengua de res y queso suizo, varias tazas de café frío y más de una docena de caramelos franceses.[31] ¿Cómo se convierte un picnic en un frenesí alimenticio en una sola entrevista? ¿Es coerción, sugerencia, confesión? No sé. Solo sé que, después de un par de días en la isla, David Starr Jordan estaba «moralmente seguro» de que Jane Stanford no había sido envenenada con malicia, sino que había muerto por consumo excesivo.[32] Informó al *New York Times* que estaba «totalmente convencido» de que su muerte se debió a una insuficiencia cardiaca provocada por una combinación de esfuerzo (¿por recostarse en una manta de picnic?) y consumo de «un exceso de comida inadecuada».[33]

«Sí, es posible morir por comer demasiado pan de jengibre», me dijo Seema Yasmin, médica y exdetective especializada en enfermedades del Centros para el Control y la Prevención de Enfermedades (CDC), cuando la llamé para preguntarle sobre los detalles del caso de Jane. «Pero ¿11 horas después?».[34]

Le llamó mucho la atención ese retraso. Dijo que *cualquier cosa* puede volverse tóxica en la dosis correcta («Es decir, ¡puedes morir por beber demasiada agua!»), pero no creía que dos o tres porciones de pan de jengibre crudo fueran suficientes. En cuanto a la insuficiencia cardiaca causada por una combinación del exceso de comida y de esfuerzo, dijo, de igual manera, que era posible, pero que probablemente hubiera sucedido allí mismo en el picnic. «La gente sufre un infarto cuando se pelea por teléfono con la compañía de electricidad. Si está muy estresada y tiene angina de pecho, ese estrés emocional hace que los vasos cardiacos tengan espasmos y provoca un paro cardiaco. Pero ¿después de 11 horas?».

Hizo una pausa.

«No suena muy factible».

Preguntó si se había considerado la posibilidad de tétanos, y le dije que había sido descartada tras notar que no había corte alguno en la piel de Jane.

Cuando finalmente le dije que se habían encontrado pequeñas cantidades de estricnina en los intestinos de Jane y en el frasco de medicamentos, ella dijo: «Ah».

Y luego: «Vaya, parece ser una intoxicación por estricnina». Me dijo que la estricnina es conocida como «el veneno de las películas de Hollywood, porque provoca lo que se ve en las películas cuando los ojos de alguien giran hacia atrás en su cabeza y no pueden controlar su cuerpo y se convulsionan, esas contorsiones muy dramáticas donde su cuerpo se retuerce. Eso es lo que hace este veneno».

Me dijo que incluso cantidades minúsculas pueden matar a los cinco minutos de exposición.

«Hmmm...», le respondí.

Comencé a repasar con ella las notas que los médicos habían hecho sobre el corazón de Jane. Había términos que no entendía y quería asegurarme de que no me estaba perdiendo algo que apuntara a una insuficiencia cardiaca. Le hablé de la presencia de sangre ciánica encontrada en las cavidades, de la insignificante cantidad de ateromas de las válvulas mitral y semilunar, pero nada de eso le llamó la atención. «Mira», dijo cuando llegué al final de la lista, «se podría argumentar que, al final del día, todos nos vamos a morir porque nuestros corazones ya no laten, porque así es como definimos la muerte, a menos que sea muerte cerebral. Pero no, no suena a angina o miocarditis. Ni a un infarto. Estoy segura de que tuvo un ataque cardiaco, pues durante todo ese proceso su músculo cardiaco también se habría visto afectado. Pero eso es solo... el panorama general. Suena exactamente a un envenenamiento por estricnina».

Pero David Starr Jordan, que no tenía acceso a los detectives del CDC del futuro, prefirió por mucho la explicación que había contribuído a pagar: muerte por causas naturales. Cuatro días después de aterrizar en la isla le dijo al *New York Times* que, como «doctor en Medicina» (un grado que alguna vez declaró haberse «ganado apenas»)[35] estaba «más seguro que nunca de que ella no había sido envenenada».[36]

¿Su muerte? Se debió al pan de jengibre.

¿La presencia de estricnina en su cuerpo y en el frasco de medicamentos? David aseguró que se debía a motivos «medicinales».[37]

De modo que solo quedaba un detalle más que explicar. Quizá la prueba más condenatoria de todas. Un testigo presencial que informó desde el interior del cuerpo mismo cuando estaba empezando a fallar. Cuando la electricidad del cuerpo de Jane comenzó a traicionarla, ordenándole que abriera las piernas y cerrara la mandíbula, se las arregló para controlar su lengua y transmitir un mensaje crucial: «Creo que me han envenenado de nuevo».

Para resolver eso, David y el doctor Waterhouse propusieron una explicación de lo más lógica: «histeria».[38] Por supuesto. ¡Jane estaba fingiendo estar envenenada! ¡Fingiendo las convulsiones! ¿Fingiendo su... muerte? Qué maravilloso es ver al acróbata dar vueltas en el aire, girando y logrando lo aparentemente imposible, para invalidar incluso la experiencia misma de la muerte de alguien.

En su última mañana en la isla, David se despertó en su habitación de hotel, sacó un montón de papel membretado y comenzó a redactar una declaración pública con la que esperaba desacreditar definitivamente la teoría del asesinato.[39] Garabateó algunas palabras y luego tachó muchas de ellas.[40] Decidió eliminar cualquier mención del intento de envenenamiento anterior de la imaginación de la gente. Declaró su certeza médica de que Jane había muerto por causas naturales, una combinación de glotonería y agotamiento. Concluyó elogiando a los médicos de Hawái cuyas opiniones estaba cuestionando, agradeciéndoles por tener «un corazón generoso», y por ser «serviciales y comprensivos».[41] Luego firmó la declaración, la selló y se la entregó a un amigo abogado, indicándole que esperara hasta después de verlo zarpar, para no correr el riesgo de enfrentamientos incómodos con los médicos.[42]

A David le quedaba una sola cosa por hacer. Se puso un buen traje, se lavó la tinta de las manos, se dirigió a la iglesia central de Honolulu y tomó la manija del ataúd de Jane Stanford con la palma de la mano recién fregada. Respiró hondo y preparó los cuádriceps para el honor de cargar su féretro.[43]

Cuando la declaración de David llegó a la prensa, los médicos de Hawái quedaron horrorizados. Inmediatamente publicaron una contradeclaración conjunta, que decía:

> No murió de angina de pecho, porque ni los síntomas del ataque ni el estado del corazón confirman ese diagnóstico. Es imbécil pensar que una mujer de la edad de la señora Stanford y características mentales conocidas podría haber muerto de un ataque histérico en media hora... Ningún consejo de salud podría permitir que un certificado basado en tal causa de muerte no se cuestione.[44]

«¿¡Imbécil!?», respondió David de inmediato, acusando al testigo médico clave, el doctor Humphris, de ser «un hombre sin buena reputación profesional ni personal».[45] Cuando los médicos de Hawái se apresuraron a defender a Humphris, David los culpó a todos de estar involucrados en la conspiración de haber fabricado el diagnóstico de asesinato como una forma de obtener dinero para realizar la autopsia y la investigación forense.[46] Una acusación ridícula, considerando la cantidad de personas que habrían tenido que estar involucradas (no solo varios médicos, sino el azaroso huésped del hotel que se apresuró a la habitación de Jane, la secretaria de Jane, su criada, el alguacil, el enterrador, el forense). Pero bueno.

Debido al prestigio de David, su poder, el desprecio de una nación por sus islas, o algo así, el relato de los médicos de Hawái sobre lo sucedido nunca cobró fuerza en el continente.

En la página web de Stanford no hay demasiada información sobre la posibilidad de que Jane haya sido asesinada. Su muerte figura como «no determinada de forma concluyente».[47] Casi al final de un largo perfil de David Starr Jordan llamado «Conozca al presidente Jordan», hay una frase sobre su posible participación en el asunto: «Cuando murió en circunstancias misteriosas, en febrero de 1905, Jordan se apresuró a viajar a Hawái para reclamar el cuerpo y, según algunas versiones, para desacreditar los reportes de que había sido envenenada».[48]

Pero incluso estas alusiones son recientes. Durante casi un siglo fue de gran aceptación que Jane había muerto por causas naturales; cualquier rumor de explicaciones más nefastas se había descartado de forma tan eficiente que prácticamente había desaparecido.

Me enteré de todo esto en un libro delgado, gris y meticulosamente investigado de título *The Mysterious Death of Jane Stanford* (La misteriosa muerte de Jane Stanford), publicado en 2003 por el médico Robert W. P. Cutler. Hacia el final de su vida, mientras trabajaba en otro proyecto, Robert Cutler, neurólogo de Stanford, se topó con un viejo artículo periodístico sobre una investigación acerca del envenenamiento de

Jane Stanford. Se sorprendió.[49] Era un aficionado a la historia y un orgulloso hombre de Stanford. ¿Por qué nunca había escuchado que la madre fundadora había sido potencialmente envenenada? De modo que comenzó a investigar. Según pudo ver en las bases de datos en línea, en Hawái había informes de autopsias, transcripciones judiciales, testimonios de testigos presenciales listos para examinarse.

Sin embargo, en ese momento de su vida, Robert no podía salir de su casa en la cima de la montaña en Livermore, California. Tenía enfisema avanzado y tenía que permanecer en interiores, alejado del polvo, atado a un tanque de oxígeno.[50] De modo que, con la ayuda de su esposa Maggie y una banda de archivistas de Honolulu, San Francisco y Washington, D. C., coordinó el escaneo y envío de documentos por correo o, cuando Maggie podía ayudar, la entrega personal de los mismos hasta su oficina casera, donde se dio a la tarea de leerlos y escribir sus hallazgos.

Al libro que armó no le sobra ni una palabra. En él no hay especulaciones dramáticas sobre los motivos de las personas ni sobre sus estados emocionales. Solo la evidencia, presentada con la mayor claridad posible, y largas citas provenientes de las fuentes primarias. Se siente como si las voces del pasado te hablaran directamente. El informe del forense, los testimonios de los testigos presenciales, las transcripciones de la corte: lo escuchas todo. La delgadez del libro es su regalo para el futuro, su intento de separar la verdad de las patrañas. Llevó todo a la imprenta, vio salir al mundo la primera edición y murió.

Robert Cutler, médico durante más de tres décadas, es claro: dados los síntomas de Jane y el descubrimiento de estricnina tanto en su vientre como en el frasco de medicamentos, cree que fue envenenada. Y tras rastrear las acciones de David Starr Jordan en los días posteriores a su muerte, en su opinión es difícil no concluir que David estaba tratando de encubrir el envenenamiento. ¿Por qué? Quizá para proteger a la universidad del escándalo. Quizá por otras razones. Robert Cutler prefiere no especular.[51]

Otros académicos van más allá. Según Bliss Carnochan, un profesor de inglés de Stanford que estudió las cartas entre Jane y su espía, el asesinato ocurrió en un momento sospechoso. Él escribió que David «tenía un motivo»:[52] proteger su presidencia. Richard White, historiador de Stanford, comenzó a impartir una clase llamada «¿Quién mató a Jane Stanford?» para intentar descubrir más pistas. Cada semestre libera a una docena de estudiantes en los archivos para encontrar nueva información. La conjetura actual de White es que la culpable fue Bertha (por el dinero del testamento),[53] pero recalca que el momento de la muerte de Jane fue notablemente «afortunado» para David. Está cada vez más seguro de que, sin importar quién lo haya hecho, él encubrió el envenenamiento. Sus estudiantes siguen descubriendo detalles sobre el comportamiento turbio de David tras la muerte de Jane: la carta del conocido de David asegurándole que es posible morir por comer demasiado,[54] la carta de una persona no identificada que le dice a David que será «juzgado en el más allá» por encubrir un crimen,[55] la carta en la que el espía de Jane le dice a David que «su silencio no se puede comprar».[56] También es raro que David haya seguido insistiendo en que Jane había muerto por causas naturales décadas después, cuando ya nadie estaba sugiriendo lo contrario.[57] Aparece en lugares extraños

—discursos, artículos periodísticos, cartas— a medida que va envejeciendo. White se pregunta por qué ir tan lejos con tal de seguir enfatizando esta versión de los hechos. Le parece que algo sobre la muerte de Jane siguió acechando a David hasta el final.

Fue un largo viaje hasta la casa de Robert Cutler en la cima de la montaña. Interminables curvas en una carretera de un solo carril a través de hierba amarillenta y tierra seca. Cuando finalmente llegué, Maggie me recibió en la terraza que su esposo no había podido disfrutar, pues el polen y el polvo eran demasiado peligrosos para sus pulmones sensibles. Me condujo hasta la cocina. Tras servir un par de tazas de café, me contó que había sido difícil ver a su esposo caer en esta obsesión mientras se acercaba al final de su vida, pasando el tiempo con la nariz metida en los libros en lugar de junto a ella. Cree que él sintió el deber de asegurarse de que la voz de Jane fuera escuchada. El deber de desenterrar una verdad que había permanecido oculta durante tanto tiempo.[58] Le pregunté si, a pesar de que su esposo se tomó tantas molestias para *no* acusar a David Starr Jordan de asesinato en el libro, en privado podría haberse preguntado si había estado involucrado.

—Él estaba absolutamente convencido de que Jordan lo hizo[59] —me dijo, sin necesidad de tiempo para pensar.

—¿En serio?

—Oh, sí. Pensaba que Jordan estaba podrido hasta la médula.

El viaje de regreso se sintió más corto, de alguna manera. Estaba perdida en mis pensamientos, repasando mi extraño apego a David Starr Jordan, mi esperanza de que él fuera la persona que podría sacarme del desastre en el que se había convertido mi vida. Admiraba tantas cosas de él. Su sarcasmo. Su devoción por las flores «escondidas e insignificantes». Su absurdo bigote de morsa, que me recordaba la cómica escoba que llevaba mi padre en la cara. Su columna vertebral de acero, esa animosa determinación que evitó que se desmoronara ante la desgracia. ¿Es esto lo que sucede si sigues el ejemplo de su alegre disposición? ¿Te vuelves tan insensible, tan indiferente a los obstáculos, que puedes pisotear la vida de una mujer o al menos estar dispuesto a encubrir la verdad sobre su muerte?

Una archivista retirada de Stanford, a quien llamé después de enterarme del libro de Robert Cutler, me advirtió que no me dejara cautivar por sus teorías. Según ella «realmente no vale la pena hablar de él», pues era un trabajo de «especulación». «El médico necesitaba un villano»,[60] dijo, y me recomendó no prestarle atención al libro, advirtiéndome que no debía caer presa de una narrativa. El historiador Luther Spoehr dijo que el libro de Cutler lo convenció de que Jane Stanford había sido envenenada, pero que sugerir que David lo había ordenado era pasar de la especulación a la «fantasía».[61]

Finalmente me dirigí a los archivos de la Universidad de Stanford, donde me esperaban docenas de cajas de diarios, cartas, ensayos inéditos y dibujos de David Starr Jordan. Solicité la cantidad máxima de material permitida al día. Mañana tras mañana, resistí la luz del sol que llamaba por las ventanas, el aroma de eucalipto susurrando que saliera. Buscaba alguna admisión clara de culpa en esas páginas amarillentas.

En mi quinto día encontré una carpeta llena de dibujos fechados pocos años después de la muerte de Jane. Esta vez, en lugar de flores, David dibujó monstruos. Monstruos sin fin, dibujados con la misma mano laboriosa. De colores salvajes. Una langosta con cabeza de cabra. Un puercoespín con púas de arcoíris. Un canguro carnívoro que gotea sangre magenta de sus colmillos (con un bebé carnívoro en su bolsa). Dragón tras dragón, demonio tras demonio, cuernos de cabra en abundancia. Respiran fuego; gotean sangre; miembros humanos sobresalen de sus mandíbulas. En uno, tres calamares se ahogan con la cola. En otro, el cielo nocturno sangra tiburones, lobos y serpientes. En otro, hay un hombre con bigote de morsa. Está de pie detrás de una multitud, mirando a una mujer con un sombrero de flores que se encuentra a su lado. Este hombre entre la multitud es la única figura que luce un par de cuernos de diablo.[62] Están dibujados débilmente por encima de su cabeza, como si alguien acabara de agregarlos al dibujo.

En el fondo de una caja repleta de un montón de cosas encontré una pequeña tarjeta rectangular.[63] Era del hermano de Jane Stanford, Charles, agradeciendo a David por las flores de condolencia que le envió después de la muerte de Jane. Me imaginé a David leyendo la tarjeta, presionando la cartulina con el pulgar, y sentí un leve disgusto. Me encontré con un artículo de periódico cuidadosamente recortado, doblado por la mitad para que su contenido quedara oculto a la vista, titulado «La declaración del doctor Jordan es cuestionada por los expertos». En él, el reportero refuta la explicación de la muerte por causas naturales, mostrando elemento por elemento por qué la evidencia apuntaba a un envenenamiento. El artículo concluye sugiriendo que David Starr Jordan debe estar «encubriendo un crimen» y advierte que el asesino todavía anda suelto.[64]

¿Tenía razón la archivista?, me pregunté mientras hojeaba miles y miles de páginas, mientras restos de la piel de David entraban en mis fosas nasales. ¿Estaba haciendo exactamente lo que comenzaba a sospechar que hacía él, torcer los hechos para mantener intacta mi visión del mundo, confirmando la creencia de mi papá de que la confianza corrompe?

A pesar de mis crecientes sospechas sobre David, me obligué a encontrar su lado bueno, a inhalarlo. Leí con atención un recuerdo escrito a mano de Jessie, llamándolo el «milagro» de su vida.[65] Sus numerosos poemas, odas a lo oculto e insignificante de este mundo, las esponjas marinas y las estrellas de mar e incluso el mismo pasto. Leí sobre su incansable trabajo protegiendo a las focas de la caza excesiva; tomé entre mis manos los pesados medallones grabados que ganó por defender la paz, su pasión en los últimos años.[66] Leí su artículo titulado «Dónde se encuentra el plexo solar del Tío Sam», en el que argumenta que el lugar más vulnerable de Estados Unidos era su centro de fabricación de armas en el Atlántico. Una nación demasiado dependiente del «negocio de la matanza», escribió, estaba «en mal estado».[67] Por otro lado, afirmó que su potencial de crecimiento radicaba en su «escuela pública...

Enseña la lección de la utilidad personal, de la amistad más allá de las líneas raciales, de la igualdad ante la ley... esta es su fuente de poder». Olí sus diarios, los pequeños cuadernos de cuero que llevaba en el bolsillo de la camisa cuando era un joven abolicionista; olían a mantequilla derretida. De sus páginas brotaban dibujos de orugas, arañas, hojas.[68]

Volví a casa con las manos vacías.

Volví a casa perdida, como siempre.

No fue sino hasta un par de meses después que me encontré con el detalle que haría que el escalofrío recorriera mi espalda. Estaba de regreso en Chicago, buscando respuestas en una copia de uno de los manuales de recolección de peces de David Starr Jordan, *Una guía para el estudio de los peces*. Había sonreído al leer su amistosa introducción, en la que prometía a sus lectores que los peces se pueden encontrar en cualquier lugar, «el viejo "pozo para nadar" o el remolino profundo en la raíz del viejo tronco».[69] Hojeé sus diagramas de mandíbulas, aletas pectorales, vejigas natatorias. Y luego, en la página 430, lo vi. En una sección llamada «Cómo asegurar a los peces», David divulga un secreto a los intrépidos lectores que han llegado con él hasta este punto. ¿Su truco favorito para atrapar los peces más molestos, los que evaden la captura lanzándose a las pozas de marea? Veneno. ¿La variedad particular que recomienda? Una sustancia peligrosa y poderosa que alguna vez describió como «la cosa más amarga del mundo».[70] Estricnina.[71]

UNA VERDADERA CÁMARA DE LOS HORRORES

La erosión del poder presidencial de David Starr Jordan comenzó casi inmediatamente después de la muerte de Jane Stanford.[1] Disgustado por el precipitado despido de Julius Goebel, el informante de Jane, el Consejo Directivo votó por despojar a David de su autoridad para despedir profesores. Y unos años más tarde, en 1913, la junta le pidió que renunciara. Le permitieron conservar el título ceremonial de canciller, pero lo despojaron de todo poder ejecutivo.[2]

Con una enorme y súbita cantidad de tiempo libre, David se inventó un nuevo pasatiempo. Sus viajes como recolector de peces lo habían llevado algunas veces a un pueblo de los Alpes italianos llamado Aosta, en el que había sido testigo de algo impactante.[3] Aosta era una especie de ciudad santuario para personas con discapacidades mentales y físicas. Durante siglos, la Iglesia católica había proporcionado refugio, comida y atención médica a personas rechazadas por sus familias debido a su condición. Y muchas de ellas habían terminado convirtiéndose en trabajadores calificados, en el campo o en las cocinas; algunas terminaron enamorándose, casándose, teniendo hijos. Lo que había surgido era una especie de ciudad al revés donde lo anormal era normal y donde las personas a menudo despojadas por la sociedad recibían el apoyo que les permitía prosperar.

Hay quienes pueden ver algo hermoso en esta ciudad, una forma radicalmente humanitaria de ayudar a los más vulnerables de la sociedad a vivir con dignidad. Pero cuando David Starr Jordan la visitó en la década de 1880, la describió como «una verdadera cámara de los horrores», repleta de «criaturas» con «menos inteligencia que el ganso... menos decencia que el cerdo».[4]

A lo largo de los años la ciudad de Aosta siguió fastidiando a David. Le preocupaba que fuera una prueba de lo que Louis Agassiz había sugerido que podía ocurrir en el mundo animal: la degeneración. David creía, equivocadamente, que las criaturas inmóviles como las ascidias marinas y los percebes habían sido una vez formas superiores de peces y cangrejos que habían «degenerado» en formas de vida más perezosas, más débiles, menos complejas y menos inteligentes como resultado de la adquisición de recursos de forma parasitaria.[5] En términos generales, creía que, a largo plazo, cualquier tipo de ayuda que una criatura recibiera resultaría en su futuro deterioro físico y cognitivo. Llamó a este malentendido de cómo funciona la naturaleza «pauperismo animal»,[6] y le preocupaba que el mismo fenómeno estuviera ocurriendo en Aosta, que la gente ahí estuviera literalmente degenerando en una «nueva especie de hombre».[7] De modo que comenzó a trabajar en un libro. Un libro que alertaría al público sobre los peligros de que la caridad provocara, como él creía, «la supervivencia de los menos aptos».[8] Un libro que recomendaría el exterminio[9] de estos «crétins»[10] como única forma de prevenir una «decadencia»[11] mundial de la raza humana. Un libro que se basaría, en gran medida, en una palabra que había surgido unas décadas antes y que, al principio, no había tenido demasiada popularidad en Estados Unidos. Una palabra que él mismo defendería con tal celo y autoridad científica que ayudaría a propagarla en suelo estadounidense.

Eugenesia.

La palabra fue acuñada en 1883 por un científico británico de nombre Francis Galton, un famoso polímata que resultó ser primo lejano de Charles Darwin. Cuando se publicó *El origen de las especies*, Galton leyó el libro de su primo y se sintió tan inspirado que lo llamó una nueva «época en mi propio desarrollo mental».[12] Una vez que Galton llegó a comprender que había fuerzas de selección natural que daban forma a la variedad de vida en la Tierra, le cayó el veinte de que dichas fuerzas podían manipularse para crear una raza superior de humanos mediante la selección de rasgos que él creía, incorrectamente, asociados con la sangre: pobreza, criminalidad, analfabetismo, «debilidad mental» y promiscuidad, entre otros. Llamó a esta técnica de exterminio de personas que no te gustan «eugenesia», que en griego significa «bien» y «nacimiento», y comenzó a contarle a todo el que quisiera escucharlo (¡era el primo de Darwin!) acerca de su plan supuestamente científico para hacer que Europa volviera a ser grandiosa.

Expuso sus ideas en reuniones y en revistas elegantes como *Nature* y *Macmillan's*.[13] Incluso escribió una novela de ciencia ficción llamada *The Eugenic College of Kantsaywhere* (El Colegio Eugénico de Kantsaywhere),[14] sobre una comunidad donde solo aquellos que pasaban ciertas pruebas rigurosas tenían permitido procrear, y cualquier otra persona que lo intentara sería encarcelada y castigada con «gran severidad».[15] Galton veía su libro como un cuento feliz. Una guía práctica para salvar a la raza humana de la decadencia.

Una gran cantidad de gente lo desestimó. Puede ser que la eugenesia hubiera permanecido en el ámbito de la ficción especulativa si un pequeño grupo de científicos influyentes no hubiera defendido su causa con tanto celo. David Starr Jordan, a pesar de todas sus críticas contra los peligros de la «esciosofía», fue uno de los primeros en hacerlo, y de los más estridentes. Se tragó lo de la eugenesia sin titubear. Comenzó a alucinar la evidencia de rasgos de personalidad hereditarios en todas partes. Incluso su biógrafo devoto, Edward McNall Burns, tuvo que admitir que era ridículo. «Atribuía una importancia tan exagerada a la herencia biológica que parecía pensar que casi todas las cualidades de la personalidad humana podrían explicarse a partir de ello».[16] La pobreza, la pereza, la capacidad de clasificar las aves, ¡todo es simplemente una cuestión de sangre!

David Starr Jordan fue uno de los primeros en llevar las ideas de Galton a Estados Unidos. Ya en la década de 1880, mucho antes de que el entusiasmo contagiara a la mayoría de los eugenistas locales,[17] David había comenzado a incluir estas ideas en sus conferencias en la Universidad de Indiana, informando a los estudiantes que rasgos como la «miseria» y la «degeneración»[18] eran heredables y, por lo tanto, podrían ser «exterminados tal y como se drenan los pantanos».[19] Con el tiempo comenzó a llevar las ideas fuera del aula, dando discursos en grandes reuniones de políticos prominentes en las que advertía que «la república perdurará [solo] mientras la cosecha humana sea buena».[20] Publicó su primer artículo proeugenesia en 1898,[21] al que siguió una serie de libros que abogaban por la limpieza del acervo genético: *The Human Harvest* (La cosecha humana), *The Blood of the Nation* (La sangre de la nación), *Your Family Tree* (Tu árbol familiar), etcétera. En sus escritos, David agrupó a todas las clases de personas que quería eliminar de la Tierra —los pobres y bebedores y «crétins» e «imbéciles»[22] e «idiotas» y moralmente depravados— en una sola categoría: los «no aptos». *¡No aptos!* Un concepto tan atractivo, tan evocador, tan limpio. Podría tomar sus opiniones sobre qué grupos de personas merecían vivir y envolverlos en el manto de la ciencia. *¡No aptos!* No era el juicio de un hombre, sino una realidad de la naturaleza.

Durante sus viajes, David se detuvo a hablar en iglesias y casas de beneficencia,[23] donde advirtió al devoto personal sobre los peligros de su trabajo fomentando, según afirmaba, «la supervivencia de los no aptos».[24] Compartía el cuento con moraleja de Aosta, describiendo una tierra donde «criaturas desfiguradas e imbéciles» vagaban libres, babeando, mendigando, comportándose de manera indecente; una anciana, afirmó, una vez «incluso me lamió las manos como un perro».[25] Hizo bocetos de las personas que supuestamente había conocido allí —una vieja encorvada sobre un bastón haciendo muecas maniacas, sin dientes y con verrugas; un hombre con un bocio del tamaño de un coco brotando de su cuello— y advirtió que hacia allá se dirigía la raza humana si la sociedad no tomaba medidas.[26] ¿La solución? Algunos eugenistas consideraron pagar a las élites para que tuvieran más bebés que inundaran el acervo genético con seres «superiores». Otros sugirieron legalizar la poligamia para la clase alta.[27] Pero David Starr Jordan tenía una idea que él consideraba mucho mejor, una forma de hacer realidad el «exterminio» que alguna vez propuso a sus alumnos. David aseguró al público que cortar los órganos reproductivos de personas que consideraba «no aptas» haría que «cada cretino individual sería el último de su generación».[28]

A raíz de estas charlas y otras similares impartidas por eugenistas pioneros, las esterilizaciones clandestinas y ocasionales ejecuciones comenzaron a tener lugar en todo el territorio estadounidense. En 1915 un médico de Chicago llamado Harry Haiselden comenzó a dejar morir a bebés discapacitados,[29] ganándose el apodo de «la cigüeña negra».[30] Hubo rumores de un hospital psiquiátrico en Illinois que asesinaba a sus pacientes con leche infectada con tuberculosis.[31] Según el erudito Paul Lombardo, quien ha realizado una heroica labor desenterrando grandes partes de esta historia, un puñado de médicos comenzó a jactarse de esterilizar a pacientes «no aptos»,[32] mientras que muchos más realizaron la operación de «forma silenciosa»:[33] tras bambalinas y sin autoridad legal.

Pero dado que David Starr Jordan, como buen puritano, no era fanático de infringir la ley, comenzó a abogar por la legalización de la esterilización eugenésica. En 1907 algunos de sus amigos de Bloomington legalizaron con éxito la esterilización eugenésica forzada en Indiana, la primera ley de este tipo no solo en el país, sino en el mundo.[34] Dos años después David ayudó a que se aprobara también en California. Por su evidente compromiso con la causa, fue invitado a presidir el Comité de Eugenesia de la Asociación Estadounidense de Criadores, lo cual aceptó con entusiasmo.[35]

No puedo creer que toda mi educación haya transcurrido sin enterarme nunca sobre el liderazgo de nuestro país en el movimiento eugenésico. Pero la eugenesia parecía una parte tan rugiente de la cultura estadounidense como las *flappers* o el Modelo T. No se trataba de un movimiento marginal. Cruzó las líneas partidistas;[36] los primeros cinco presidentes del siglo XX elogiaron sus principios; se impartieron cursos de eugenesia en prestigiosas universidades de todo el país, desde Harvard hasta Stanford, Yale, UC Berkeley, Princeton y de regreso.[37] Había revistas de eugenesia. Cosmética eugenésica. Incluso concursos de eugenesia, que a menudo se llevaban a cabo en ferias estatales bajo blancas carpas festivas. Se competía por ser las familias más aptas y por tener los mejores bebés, medidos y pesados como calabazas. Cintas azules para la piel más bella, la cabeza más redonda, los rasgos más simétricos.[38]

¿Y los perdedores? Poco a poco los estados aprobaron leyes de esterilización. Connecticut. Iowa. Nueva Jersey. ¿Tiene una enfermedad de transmisión sexual? *Cortar.* ¿Un ataque epiléptico? *Cortar.* ¿Un bebé fuera del matrimonio, antecedentes penales, una puntuación baja en una prueba estandarizada? *Cortar. Cortar. Cortar.*

Aún así, la tasa real de esterilización fue baja, pues las políticas que David ayudó a implementar requerían que una persona «no apta» entrara en contacto con la ley o el sistema médico, educativo o de bienestar para que pudiera llevarse a cabo una esterilización. Luego, en 1916, un eugenista estadounidense llamado Madison Grant[39] publicó un libro que un tipo alemán llamado Hitler llegaría a llamar su «biblia».[40] En el libro, *La caída de la gran raza*, Grant propuso una política que, en cierto modo, se parecía a la visión de ciencia ficción de Galton: reunir a todos los «pervertidos morales, deficientes mentales y lisiados hereditarios»[41] de la nación bajo la apariencia de un proyecto de caridad y esterilizarlos.[42] Los eugenistas estadounidenses pensaron que era brillante. Cuando Hitler aprobó la primera ley de esterilización obligatoria en Alemania una década después, el eugenista y médico estadounidense Joseph DeJarnette se quejó: «Los alemanes nos están ganando en nuestro propio juego».[43]

Sin embargo, no todos los estadounidenses estaban tan entusiasmados con este plan de crear una sociedad mejor a través de la limpieza genética. Algunas voces en contra se hicieron escuchar. En 1910 el presidente del Colegio de Abogados de Estados Unidos llamó a la esterilización eugenésica «barbárica»,[44] y un abogado de la Liga Antiesterilización de Oregon se refirió a ella como «un motor de tiranía y opresión».[45] La Iglesia católica fue uno de sus oponentes más acérrimos, con el argumento de que violaba la santidad de la vida. En 1906 el gobernador de Pensilvania, Samuel Pennypacker, derogó lo que habría sido la primera ley de esterilización obligatoria en el mundo, argumentando que «permitir tal operación sería infligir crueldad a una clase desamparada que el Estado se ha comprometido a proteger».[46]

Y estaba también la creciente oposición científica. Cada vez más académicos aseguraban que la ciencia detrás de la eugenesia estaba «podrida»,[47] argumentando que el entorno de una persona desempeñaba un papel crucial en muchos de los rasgos que según los eugenistas podían erradicarse mediante la esterilización: pobreza, promiscuidad, analfabetismo, criminalidad. Otros científicos cuestionaron la validez del concepto de «degeneración», la idea de que la caridad causa deterioro físico; no estaban convencidos de que la vida se moviera «hacia atrás» en la forma en que David afirmaba que lo hacía; no pensaban que las ascidias marinas, por ejemplo, se hubieran convertido en sacos inmóviles como resultado de depender de alimentos de otras especies. Más tarde se demostraría que estos escépticos tenían razón.

Y luego estaba ese punto clave en *El origen de las especies*. Ese punto crucial que de alguna manera tanto David como Francis Galton habían pasado por alto. ¿Cuál es, según Darwin, la mejor manera de construir una especie fuerte, de permitirle perdurar en el futuro, resistir los golpes del Caos en sus múltiples y poderosas formas: inundaciones, sequías, aumento del nivel del mar, temperaturas fluctuantes, invasiones, depredadores, plagas?

Variación. Variación de genes y, por lo tanto, de comportamiento y rasgos físicos. La homogeneidad es una sentencia de muerte. Eliminar mutantes y valores atípicos de una especie es hacerla peligrosamente vulnerable a los elementos. En casi todos los capítulos de *El origen de las especies* Darwin aclama el poder de la «variación».[48] Se maravilla de cómo los diversos acervos genéticos son más sanos y fuertes,[49] cómo la cruza entre diferentes tipos de individuos da más «vigor y fertilidad» a su descendencia,[50] cómo incluso los gusanos y las plantas que pueden producir réplicas perfectas de sí mismos están equipados para el sexo para introducir variedad. «¡Qué extraños son estos hechos!», señala. «¡Cuán sencillamente se explican desde el punto de vista de un cruce ocasional con un individuo distinto que es ventajoso o indispensable!».[51]

«Diversificar su cartera genética» sería otra manera de decirlo.[52] A medida que cambian las condiciones, nunca se sabe qué rasgos podrían resultar útiles. Darwin hace todo lo posible, incluso, para advertir contra la intromisión.[53] El peligro es la falibilidad del ojo humano, nuestra incapacidad para comprender la complejidad. Los rasgos que pueden parecer «aborrecibles para nuestras ideas de aptitud» podrían en realidad ser beneficiosos para una especie o ecosistema, o podrían volverse beneficiosos a medida que cambian las condiciones.[54] Fue ese cuello desgarbado lo que le dio a la jirafa una ventaja sobre sus competidores, el aparente peso muerto de la grasa lo que permitió a la foca prosperar en el frío extremo, el cerebro humano divergente lo que podría ser la clave de los inventos, descubrimientos y revoluciones que la mayoría es incapaz de sondear. «El hombre solo puede actuar sobre características externas y visibles; a la naturaleza no le importan las apariencias... Ella puede actuar sobre todos los órganos internos, sobre todos los matices de las diferencias de constitución, sobre toda la maquinaria de la vida».[55]

Consideremos el caso de las cianobacterias:[56] una diminuta mancha verde en el mar tan insignificante para el ojo humano que durante siglos ni siquiera nos molestamos en ponerle nombre. Hasta que un día, en la década de 1980, los científicos descubrieron accidentalmente que producía una parte significativa del oxígeno que respiramos. Ahora veneramos a esta diminuta mancha verde, *Prochlorococcus marinus*, y luchamos por protegerla. Este fue el tipo de escenario que profetizó Darwin, el motivo por el que advirtió de manera tan inequívoca contra intentar clasificar la generosidad de la Tierra: «Qué grupo prevalecerá, ningún hombre puede predecirlo».[57]

Y esta cautela, esta humildad, esta reverencia por una complejidad ecológica que desafía la comprensión humana es, de hecho, una idea muy antigua. Es un concepto filosófico básico que a veces se denomina «principio del diente de león»:[58] en algunos contextos, un diente de león puede considerarse una mala hierba que debe eliminarse; en otros, es una hierba medicinal valiosa que debe cultivarse.

Los eugenistas no consideraron este simple principio de relatividad. Al tratar de sustraer la «indispensable» variedad de su acervo genético[59] estaban estropeando su mejor oportunidad de construir una raza superior.

Y, sin embargo, ninguno de estos argumentos filosóficos, morales o científicos parecía penetrar la certeza de David sobre la eugenesia. Junto con otros eugenistas, descartó a sus disidentes como ingenuos, sentimentales,[60] demasiado tibios para ver el panorama general. «La educación nunca puede reemplazar la herencia»,[61] declaró en un manifiesto eugenésico titulado *Tu árbol genealógico*, y agregó: «Un proverbio árabe expresa el asunto sin rodeos: "Padre, una mala hierba; madre, una mala hierba; ¿esperas que la hija sea una raíz de azafrán?"».[62]

De hecho, ante la creciente disidencia, David solo presionó más para crear un programa de eugenesia obligatorio en Estados Unidos. Convenció a su amiga, la adinerada viuda Mary Harriman, de que donara más de medio millón de dólares (unos 13 millones de dólares en la actualidad) para fundar la Oficina de Registro de Eugenesia (ERO, por sus siglas en inglés),[63] un nuevo y brillante centro de investigación en Cold Spring Harbor, Nueva York. La ERO recopilaría grandes cantidades de datos sobre decenas de miles de estadounidenses, información que más tarde se usaría para construir árboles genealógicos[64] que sugirieran que fenómenos tan complejos como la pobreza, la criminalidad, la promiscuidad, la deshonestidad y la afición por el océano (a la que se le dio el término clínico de «talasofilia»)[65] estaban predestinados en la sangre. Pero, si bien la ERO presentó algunos descubrimientos legítimos —información útil sobre el albinismo y la neurofibromatosis, por ejemplo—,[66] la mayor parte de su trabajo terminaría desacreditada de manera inequívoca.[67] Los investigadores tenían la costumbre de manipular los datos y registrar los rumores como hechos. Ha quedado bien establecido que la pobreza o la criminalidad intergeneracional son provocadas por un insidioso conjunto de factores ambientales.

A pesar de los estudios realizados por la prestigiosa ERO (que también recibió un apoyo sustancial de la familia Rockefeller y del Instituto Carnegie), a principios de la década de 1920 el público estaba comenzando a cambiar de opinión sobre el tema. Los médicos que habían realizado esterilizaciones enfrentaron cada vez más demandas, y la Suprema Corte de Nueva Jersey decidió derogar su ley de esterilización eugenésica debido a su «palpable inhumanidad e inmoralidad».[68]

El sueño de David de un programa nacional de eugenesia parecía, finalmente, esfumarse.

Entra Albert Priddy.

Priddy era el médico de impecable peinado a cargo de la Colonia Estatal de Virginia para Epilépticos y Débiles Mentales, en Lynchburg. Era un eugenista entusiasta, conocido por haber esterilizado a mujeres por estar «locas por los hombres», tener «pasión por los viajes», contar «historias groseras» e incluso pasar notas en clase.[69] En 1917 un hombre llamado George Mallory lo demandó por esterilizar a su esposa e hija mientras él viajaba por trabajo. ¿La justificación del doctor Priddy? Que una casa llena de mujeres sin un hombre a cargo debe haber sido un burdel.

«Soy un personaje como tú», le escribió Mallory a Priddy después de enterarse de lo que le había hecho. «Darte vergüenza debería... Solo detente y piensa cómo la'n tratado a ella».[70] El juez se puso del lado de Priddy, pero la Colonia fue sacudida por la demanda y le solicitó suspender las esterilizaciones. Sin embargo, en lugar de arrepentirse, el doctor fue más lejos y comenzó a buscar un caso que demostrara a los jurados que la «debilidad mental» era hereditaria y debía ser detenida mediante la esterilización.[71]

Y un día de 1924 el doctor Priddy encontró lo que estaba buscando.[72] Una joven llamada Carrie Buck fue abandonada en la Colonia. Era huérfana y quedó embarazada a los 17 años, como resultado de una violación. Después de que dio a luz, sus padres adoptivos la enviaron a la Colonia. Cuando Carrie llegó hasta su puerta, a Priddy le sorprendió algo familiar en su rostro. Esos pómulos altos, esos ojos pensativos. Resultó que su madre biológica, Emma Buck, también vivía en aquel sitio bajo acusaciones de prostitución. Al darse cuenta de este lazo sanguíneo, el médico hizo que la bebé de Carrie, Vivian, fuera examinada por un famoso investigador eugenista de la ERO,[73] que realizó algunas pruebas, quizá colocando una moneda frente a los ojos del bebé o aplaudiendo para revisar su atención,[74] y determinó que la pequeña «mostraba retraso».[75] Esta evaluación oficial le dio a Priddy lo que había estado soñando durante años: una prueba de que la «debilidad mental» se había heredado a través de tres generaciones.

Un abogado llamado Irving Whitehead fue designado para representar a Carrie Buck y protestar contra la esterilización,[76] pero Lombardo sugiere que Whitehead era en realidad un defensor de esta práctica y que probablemente estaba coludido con el doctor Priddy. Cuando la fiscalía acusó a Carrie de provenir de una «clase de gente vagabunda, ignorante y sin valor», Whitehead no proporcionó lo que podría haber sido una defensa decente para ella (tenía buenos antecedentes escolares, vecinos y maestros dispuestos a responder por su integridad). El fallo llegó hasta la Suprema Corte.

Era el año 1927. El mes de abril. David Starr Jordan tenía 76 años y había comenzado a debilitarse. Apenas un año antes, su hijo Eric —el pequeño Eric, el reemplazo de Barbara, ese niño que se había convertido en paleontólogo—[77] había muerto en un accidente automovilístico a la edad de 22 años, cuando se dirigía a un viaje de recolección. David estaba débil por el duelo, débil por el agotamiento, débil por tantos años de formaldehído carcomiendo sus ojos; su visión estaba desapareciendo; había desarrollado diabetes;[78] en tan solo un par de años necesitaría una silla de ruedas. Pero seguramente los informes que escuchó en el radio lo animaron: los científicos de la ERO, una institución que había ayudado a crear, estaban proporcionando pruebas a la Suprema Corte según las cuales la «delincuencia moral» estaba codificada en la sangre y podía eliminarse mediante la esterilización obligatoria.[79] Esta noción, que alguna vez había sido una idea confusa en la mente de David, había tomado forma a través de su proselitismo. Una entidad tan real que estaba a punto de entrar en la ley federal.

Los nueve jueces de rostro sombrío consideraron la evidencia, las palabras elegantes y los intrincados árboles genealógicos que sugerían que la esterilización era una forma sólida de proteger a los ciudadanos contra el crimen, la enfermedad, la pobreza y el sufrimiento. Consideraron a la niña Carrie: tímida y confiada. Cuando se le preguntó durante su primera audiencia si tenía algo que decir a su favor, respondió: «No, señor, nada... Depende de mi gente».[80] Y su gente votó ocho a uno a favor de legalizar las esterilizaciones obligatorias «para evitar que nos abrume la incompetencia».[81]

Cinco meses después llevaron a Carrie Buck a un edificio de ladrillos en la Colonia de Lynchburg. Ahí fue conducida al segundo piso, donde un ventanal proporcionaba luz adicional al cirujano.[82] La colocaron en una mesa de operaciones y la abrieron justo por encima del pubis. Usando sondas, el médico localizó sus trompas de Falopio y ligó rápidamente cada una. Luego selló cada corte con ácido carbólico para que se mantuviera firme.[83]

Carrie despertó a una nueva realidad: que ningún otro niño con sus ojos distintivos, con su combinación única de rasgos, volvería a caminar por esta Tierra. «Me hicieron daño», diría más tarde. «Nos hicieron daño a todos».[84]

El caso de Carrie abrió camino a más de 60 000 esterilizaciones realizadas en todo Estados Unidos, legalmente y en contra de la voluntad de la gente, en nombre del «bienestar público».[85] Muchos de los «no aptos» han sido olvidados, pero los investigadores han luchado por dar a conocer sus historias. En 2007 una historiadora de la Universidad de Míchigan, Alexandra Minna Stern, descubrió un conjunto de rollos de microfilme en un antiguo archivero de una oficina gubernamental en Sacramento.[86] En ellos había una especie de registro de eugenesia: los nombres y la información demográfica de cada persona esterilizada en la casa adoptiva de David en California desde 1919 hasta 1952. Eran casi 20 000 personas.[87]

Durante años Stern ha analizado los registros con su equipo, y juntos han podido completar la imagen de lo que realmente significaba «no apto», el tipo de personas que componían esa categoría. Las consideradas no aptas eran «a menudo mujeres jóvenes declaradas promiscuas; los hijos e hijas de inmigrantes mexicanos, italianos y japoneses... y hombres y mujeres que transgredieron las normas sexuales».[88] Otros estudios han demostrado que las mujeres de color fueron objeto de esterilización de manera desproporcionada.[89] El gobierno de Estados Unidos ha admitido haber esterilizado a la fuerza a más de 2 500 mujeres nativas americanas a principios de la década de 1970.[90] La Junta de Eugenesia de Carolina del Norte buscó y esterilizó a cientos de mujeres negras durante las décadas de 1960 y 1970.[91] Y, de manera alucinante, aproximadamente *un tercio* de todas las mujeres puertorriqueñas fueron esterilizadas por el gobierno estadounidense entre 1933 y 1968.[92]

El fallo que hizo posible todo esto, por cierto, sigue ahí. Es correcto: la sentencia de la Suprema Corte nunca ha sido revocada. En nuestro nivel más alto, todavía está escrito como ley que, si el gobierno te considera «no apto», los funcionarios tienen la autoridad para sacarte de tu hogar, clavarte un cuchillo en el abdomen y terminar con tu estirpe.

Si bien la mayoría de los académicos legales dirá que *técnicamente* la ley está en un estado de limbo, pues desde entonces todos los estados han derogado su ley de esterilización eugenésica, lo cierto es que casi la mitad de los estados todavía permite la esterilización involuntaria de personas consideradas no aptas, solo que ahora usan palabras como «mentalmente incompetente» o «mentalmente deficiente».[93] Mientras tanto, la esterilización forzada continúa realizándose «de forma silenciosa» en todo el país. Gran parte de esta práctica sigue estando indocumentada y es difícil de identificar —esterilizaciones coercitivas en hospitales de bajos ingresos, clínicas de metanfetamina, cárceles, instituciones para personas con discapacidades, entre otras—, pero en ocasiones algunos grandes casos salen a la luz. Durante el periodo de 2006 a 2010, por ejemplo, casi 150 mujeres fueron esterilizadas de manera ilegal en las cárceles de California,[94] sin su permiso y en algunos casos sin su conocimiento. Y en el verano de 2017 se supo que un juez de Tennessee llamado Sam Benningfield estaba ofreciendo a los delincuentes reducción de sus penas a cambio de acceder a ser esterilizados.[95]

Ahí está. Esa misma mentalidad. La locura de Galton. La creencia errónea de que la pobreza, el sufrimiento y la criminalidad son una cuestión de sangre y pueden ser extripadas de la sociedad con un cuchillo. En este país, la ideología eugenésica está todo menos muerta: nuestras manos están sucias todavía.

Si caminas por el National Mall en Washington y miras hacia el norte al llegar a la Calle 21, lo verás: Francis Galton, en bronce, sobre la entrada al templo de la ciencia de nuestra nación, la Academia Nacional de Ciencias.[96] Subiendo por el paseo principal del campus de Stanford, una de las primeras estatuas es la de Louis Agassiz, que creía que los negros son infrahumanos, presidiendo aún desde su pilastra corintia. Detrás de él hay un enorme edificio de piedra arenisca, con amplios arcos y un techo de tejas de arcilla, llamado así en honor al hombre que recorrió nuestro país pidiendo la «exterminación» de los grupos más vulnerables de la sociedad. Jordan Hall.

LA ESCALERA

David Starr Jordan siguió siendo un ferviente eugenista hasta el día de su muerte. No hay evidencia de ningún remordimiento o iluminación de último momento acerca de los miles de personas a las que sus esfuerzos cubrieron de cicatrices y vergüenza ni a las que pisoteó mientras luchaba por mantener su poder: Jane Stanford, los médicos a los que calumnió, el espía al que despidió, el bibliotecario al que acusó de perversidad sexual.

Fue escalofriante. Su brutalidad. Su falta de remordimiento. La profundidad de su descenso, el alcance de su embestida. Me sentía enferma. Después de todo, había estado siguiendo el ejemplo de un villano. Un hombre tan seguro de sí mismo y de sus ideas que fue capaz de ignorar la razón, de ignorar la moralidad, de ignorar el clamor de miles de personas que le rogaban que viera el error de sus procedimientos: *soy un personaje como tú.*

¿Cómo había sucedido?

¿Cómo ese dulce niño, tan dedicado a cuidar de lo «escondido e insignificante»,[1] se había convertido en un hombre capaz de matar a la menor provocación? ¿En qué parte de su historia se había transformado? ¿Y por qué?

Al observar la extensión completa de la anatomía emocional de David, el culpable más obvio parece ser ese grueso «escudo de optimismo» que estaba tan orgulloso de poseer. Tenía «una capacidad aterradora para convencerse a sí mismo de que lo que quería era lo correcto»,[2] escribe el investigador Luther Spoehr, quien quedó impresionado por cómo la confianza de David en sí mismo, su autoengaño y terquedad, solo parecían intensificarse con los años. «Su capacidad para aplastar a los que se encontraban en su camino se multiplicó a medida que crecía su convicción de que su camino era el de la rectitud que conducía al progreso».[3] Por mucho que David había criticado públicamente el autoengaño, en privado parecía confiar en él, en especial al enfrentar dificultades. *Es la voluntad del hombre lo que le da forma al destino*. Quizá aquel grupo de psicólogos tenía razón, los que advirtieron que las ilusiones positivas pueden fermentarse hasta convertirse en algo vicioso si no se controlan, capaces de atacar cualquier cosa que se interponga en el camino.

¿Pero eso explicaba todo? ¿Con cuántas ganas impulsó David su agenda eugenésica, hasta dónde? El exceso de confianza, *grit* y orgullo forman un coctel peligroso, sin duda, pero no parecían dar cuenta de cuán devotamente se dedicó a la causa de la limpieza genética.

Fui avanzando hacia atrás, buscando el giro, el evento o la idea que empujó el timón y lo desvió tan desastrosamente. Repasé los capítulos de su vida, los viajes en barco por el Pacífico, el jardín del edén en Palo Alto, el incendio en Bloomington, las noches estrelladas de su niñez al norte del estado de

Nueva York. Año tras año, fui revisando sus historias, desarmando los encuentros, frasco por frasco, pez por pez.

Hasta que, por fin, me encontré dentro de un granero en la isla de Penikese, bajo un halo de golondrinas, examinando el germen de una idea que Louis Agassiz había implantado en la mente del joven David: la creencia de que hay una escalera incorporada en la naturaleza. Una *Scala Naturae*. Una jerarquía divina desde las bacterias hasta los seres humanos que apunta objetivamente hacia lo mejor.

Esta idea reconstruyó el mundo de David. Transformó su vergonzoso hábito de recolectar flores en «una labor misionera del más alto grado».[4] Llenó la cavidad de su pecho con un estallido de propósito que lo ayudó a navegar por la vida, haciéndole ganar trabajos, premios, esposas, hijos, presidencias. Impulsó su trabajo, a través de un desastre y hacia el siguiente. Continuó leyendo la naturaleza como una brújula, creyendo que había una guía moral en la forma de una aleta o de un cráneo. Estaba seguro de que, si observaba con el cuidado suficiente, podría averiguar a quién emular y a quién condenar; averiguar, en resumen, el verdadero camino a la iluminación, a la paz, a cualquier fruto que hubiera en la cima de esa escalera.

Y cuando creyó ver que la humanidad comenzaba a resbalar, se sintió llamado a rescatarla por todos los medios necesarios. Esgrimió su creencia en un orden natural como una espada, convenciendo a la gente de que la esterilización era la forma más sólida, la única, de salvar a la raza humana.

«Ojalá David hubiera considerado lo que dijo alguna vez Oliver Cromwell»,[5] me dijo Luther Spoehr por teléfono una mañana de junio, mientras trataba de darle sentido al hombre que había estudiado durante tantos años. «Te ruego, en las entrañas de Cristo, que consideres que podrías estar equivocado».

—¿Estás diciendo que ojalá hubiera dudado más? —le pregunté.

—Sí.

Pero no lo hizo. A pesar de la advertencia de su profeta —que «la ciencia, en general, odia las creencias»—, David se aferró a la idea de una escalera. Se aferró a ella frente a oleadas de evidencia en contra que deberían haberla erosionado.

Cuando llegó Darwin, desacreditando la idea de un plan divino, David aceptó que las criaturas de la Tierra habían surgido por accidente. Pero encontró una manera de preservar la idea de una jerarquía de perfección. Se dijo a sí mismo que el tiempo, no Dios, las había forjado: el lento paso del tiempo generaba formas de vida más aptas, más inteligentes y más avanzadas moralmente.

Cuando se encontró con el creciente coro de oposición a su agenda eugenésica, cuando jueces, abogados y gobernadores comenzaron a tratar de revocar las leyes eugenésicas, los tachó de sentimentales y poco científicos.[6] Pero cuando los científicos mismos comenzaron a cuestionarlo, a señalar lo burdo de sus suposiciones sobre la transmisión hereditaria de la moralidad y el concepto de degeneración, David puso en tela de juicio su valentía y el compromiso de sus colegas con la causa de mejorar la sociedad.

Pero quizá el argumento más fulminante provino de la naturaleza misma, David lo habría visto de haber seguido su propio consejo de buscar en ella la verdad. Ese deslumbrante, plumoso, ruidoso, gorgojeante montón de contraevidencia. Los animales pueden superar a los humanos en casi todos los criterios supuestamente asociados con nuestra superioridad. Hay cuervos que tienen mejor memoria,[7] chimpancés con mayor habilidad de reconocimiento de patrones,[8] hormigas que rescatan a sus compañeras heridas[9] y parásitos con tasas más altas de monogamia.[10] Al examinar a fondo el rango de vida en la Tierra, se necesitan bastantes acrobacias para acomodarlo en una jerarquía con los seres humanos en la cima. No tenemos el cerebro más grande ni la mejor memoria. No somos los más rápidos, los más fuertes ni los más prolíficos. No somos los únicos que nos emparejamos de por vida, que mostramos altruismo, que usamos herramientas o lenguaje. No tenemos la mayor cantidad de copias de genes en circulación. Ni siquiera somos la última novedad.

Darwin se esmeró en hacer que sus lectores lo vieran: no hay escalera. *Natura non facit saltum*,[11] exclama en su lengua de científico. No hay «saltos». Los peldaños que vemos son productos de nuestra imaginación, más «conveniencia» que verdad. Para Darwin, un parásito no era una abominación, sino una maravilla.[12] Un caso de extraordinaria adaptabilidad. La gran variedad de criaturas que existe, grandes y pequeñas, emplumadas y resplandecientes, ásperas y suaves, prueba que existen infinitas formas de sobrevivir y prosperar en este mundo.[13]

Entonces, ¿por qué David no pudo ver esta montaña creciente de pruebas en contra de su escalera? ¿Por qué proteger esta creencia arbitraria sobre cómo deberían organizarse las plantas y las criaturas? Ante el desafío, ¿por qué redoblar esfuerzos para justificar medidas tan violentas?

Quizá porque su fe le dio algo más importante que la verdad.

No solo esa primera chispa de propósito cuando era joven en Penikese, no solo una carrera y una causa y una esposa y una vida cómoda. Algo aún más profundo. Una forma de convertir ese turbulento pantano de mar, de estrellas, de vertiginosa vida, en un orden claro y brillante.

Darse por vencido en cualquier momento —desde su primera lectura de Darwin hasta su último impulso eugenésico— habría sido una invitación a volver al vértigo. Lo habría transportado de vuelta a ser ese niño perdido, temblando ante una realidad que acababa de llevarse a su hermano. Un niño aterrorizado, impotente ante el mundo, sin forma de comprenderlo ni controlarlo. Dejar ir esa jerarquía sería liberar un tornado de vida y escarabajos y halcones y bacterias y tiburones arremolinándose en el aire, a su alrededor, encima de él.

Habría sido demasiado desorientador.

Habría sido el Caos.

Habría sido... la misma visión del mundo que yo había estado luchando por no tener desde que era una niña. Esa sensación de caer desde el borde del mundo, desplomarse junto a hormigas y estrellas, sin propósito ni punto. De observar claramente la deslumbrante e implacable verdad dentro del remolino del Caos. *No importas.*

Eso es lo que la escalera le ofreció a David. Un antídoto. Un punto de apoyo. La hermosa y cálida sensación de significado.

Bajo esa luz, pude entender por qué se aferró con tal fuerza a esta visión de un orden natural. Por qué la protegió con tanta ferocidad: contra la moral, contra la razón, contra la verdad. Incluso cuando lo despreciaba por eso, en algún nivel deseaba exactamente lo mismo.

Cerré la autobiografía de David Starr Jordan. El segundo y último volumen verde oliva. Lo puse en la mesita de noche de mi pequeña habitación de invitados en el departamento de Heather, en Chicago. El aire nocturno estaba en calma. Mi amiga estaba al otro lado de la ciudad, con su novio. La luz cálida de la ciudad entraba a gritos por la ventana.

Había algunas estrellas. Era difícil verlas, pero allí estaban, guiñando un ojo detrás de la basura rosada en la que hemos convertido al cielo. Estaba de vuelta en el territorio del que había intentado escapar con todas mis fuerzas. Uno sombrío, que no brinda posibilidad de refugio ni promesas, sin importar cuánto creas en tu misión o cuánto te arrepientas. Había hecho de mi vida un desastre. Y ya no me iba a mentir más: el hombre de cabello rizado no volvería. David Starr Jordan no me iba a conducir a una existencia nueva y hermosa. No había forma de superar el Caos, ninguna guía, atajo o frase mágica para garantizar que todo saldría bien.

¿Qué sigue después de abandonar toda esperanza? ¿A dónde te diriges?

DIENTES DE LEÓN

EL CAMINO A LYNCHBURG ESTÁ REPLETO de un sinfín de tiendas de armas. Incluso las gasolineras las venden. «¡¡NUEVAS PISTOLAS GLOCK!!», anuncian. «¡CAMPO DE TIRO! ¡25% DE DESCUENTO EN MUNICIONES!». Conducía hacia la Colonia Estatal de Virginia para Epilépticos y Débiles Mentales, aquel internado donde las ideas más salvajes de David se habían transformado en realidad, donde miles habían sido segregados de la sociedad, encarcelados y esterilizados.

Después de cruzar el río James, giré a la derecha en Colony Road, una carretera pavimentada de un carril de aproximadamente 1.5 kilómetros. Justo antes de la entrada a la Colonia hay una parada desde donde pueden contemplarse las montañas Blue Ridge rodando a lo lejos como olas de lavanda.

Cuando llegué a la entrada, descubrí que ya no hay puertas. Solo un gran terraplén de ladrillos a un lado para recordar a los automovilistas el límite que solía reinar. Un letrero me informó que esta era una instalación libre de tabaco y que ahora se llamaba Centro de Capacitación de Virginia Central.

Me sorprendió saber que seguía funcionando como un centro de atención estatal, todavía vivían ahí personas con discapacidades. Sin embargo, cerraría sus puertas unos años después de mi visita, al descubrirse que las condiciones de vida eran inadecuadas.[1]

El campus era incluso más grande de lo que había imaginado. Extenso, con más de 60 edificios, cientos de hectáreas. Estacioné mi auto frente a un edificio de ladrillos de cuatro pisos de altura, con una torre blanca y un enorme conjunto de escaleras que conducen a una entrada sostenida por seis columnas. Se trataba del edificio principal, donde tantas personas habían sido procesadas, examinadas y consideradas no aptas para continuar con sus líneas genéticas. El único otro vehículo en el lote era un coche de policía, estacionado en dos plazas. No estaba segura de que mi presencia ahí estuviera permitida. Salí de mi auto, cuidadosa.

Comencé a caminar por los senderos. Caminé junto a docenas de enormes edificios de ladrillo abandonados, con moho negro subiendo por sus costados. La parte funcional de la instalación estaba colina abajo, lejos de estas espeluznantes reliquias del pasado. Caminé junto a los restos de un granero y un campo donde los reclusos se habían visto obligados a cuidar vacas, cerdos y diversas cosechas en beneficio de la Colonia.[2] Pasé por un mirador, un columpio, un cementerio. Algunos buitres volaban en círculos en lo que parecía un cielo magnificado.

Crucé las puertas del cementerio y descubrí más de mil tumbas.[3] Emma Bishop, 18 años de edad. Dorothy Mitchell, 12 años de edad. Alfred Snyder, 3 años de edad. Cada lápida era un pequeño rectángulo plano al ras de la tierra.

Seguí caminando. Tuve la escalofriante idea de que esta colina lejana y desolada era la zona cero del exterminio eugenésico. Fuimos los primeros en el mundo en convertir en política nacional la misma mentalidad contra la que definimos nuestra identidad.[4] El mal que, según les decimos a nuestros niños en las escuelas, comenzó con los nazis, los otros, los malos.

Finalmente llegué al edificio donde Carrie Buck fue esterilizada. Era una tosca caja de ladrillos con los bordes podridos. Las tablas del suelo de la terraza se caían a pedazos. Una tubería se había oxidado. Una cadena obstruía el paso. PELIGRO: NO ENTRAR. Debajo de la terraza, una ventana del sótano estaba abierta. Me arrastré hasta ella y me asomé para ver una serie de habitaciones hundidas con paredes dilapidadas. Me golpeó una ráfaga de aire frío. Miré hacia arriba, hacia una ventana en el piso superior. Cuatro de sus paneles de vidrio estaban perforados. Una cortina blanca ondeaba con la brisa, sin darse cuenta de que no quedaba nadie adentro con necesidad de protegerse del sol, de calmarse, de esconderse.

No es posible preguntarle a Carrie Buck sobre lo que le pasó aquí. Murió en 1983, en un hogar de ancianos en Virginia. Su hija Vivian había muerto debido a complicaciones derivadas del sarampión décadas antes, a la edad de ocho años, poco después de llegar al cuadro de honor en la escuela primaria.[5]

Pero al fin, tras meses de búsqueda, pude encontrar a una mujer que conocía bien los terrenos de la Colonia, pues había pasado la mayor parte de su infancia encerrada en ellos. Su nombre es Anna y podría ser amiga de tu mamá. Pelo canoso y corto, blusa floral, bolso de mano.

La primera vez quedamos de vernos en un Dairy Queen. Pedimos dos conos de helado de vainilla bañados en chocolate.

Me dijo que debajo de su blusa había una gran cicatriz que corre verticalmente por su abdomen. Es de color púrpura y rígida en algunos puntos. Dice que hace todo lo posible por no mirarla: en la regadera, en el espejo, mientras se viste por la mañana. «Sin embargo, pienso en eso todos los días».[6]

Anna fue esterilizada contra su voluntad en las instalaciones de Lynchburg cuando tenía 19 años. Era 1967,[7] pero había llegado por primera vez al lugar 12 años antes,[8] cuando tenía 7. Los vecinos la habían visto, junto con sus hermanos, jugando desnudos y sin supervisión de un adulto en un corral detrás de su casa y los trabajadores estatales habían ido a llevárselos. No importaba que los niños no quisieran ir. Anna amaba a su mamá, su cabello largo y su overol, que la dejara meterse en la cama con ella en las noches frías. Pero la combinación de las preocupaciones de los vecinos, la pobreza de sus padres y el bajo puntaje de Anna en una prueba de inteligencia fueron suficientes para considerar a esta niña de 7 años «no apta». Una amenaza para la humanidad.

Anna recuerda que la condujeron en una patrulla por ese camino largo y estrecho hacia la Colonia; recuerda una puerta abriéndose, un guardia indicándoles que pasaran. Ella y sus hermanos subieron grandes escalones hacia un tétrico edificio de ladrillos. No sabían por qué estaban allí.

No la esterilizaron de inmediato. Primero la obligaron a cortarse el pelo, luego le asignaron un número de reclusa y finalmente la hicieron esperar. Esperar año tras año mientras una infancia alternativa vagaba libre justo afuera de esas puertas, a través de las siluetas azules que se dibujaban a lo lejos.

En la Colonia fueron tratados como animales, acorralados en grandes dormitorios, obligados a trabajar sin paga y a hacer fila afuera mientras esperaban la comida, incluso si llovía o nevaba. Si desobedecían, los metían en «la habitación ciega», en donde no había luces ni ventanas. A veces los dejaban en la oscuridad durante días sin comida, agua ni retrete. Anna recuerda que la orina se acumulaba bajo sus pies descalzos. Es tímida al contarme que la violaron. No en la habitación ciega, no. En la oficina de su psicólogo, que cerró la puerta y le ató las piernas a la mesa de exploración.

Le dijeron que irse de la Colonia era fácil, si eso quería. Bastaba simplemente con aceptar ser esterilizada para quedar libre. Pero la pequeña Anna se negó. Había oído hablar de personas que morían en la mesa de operaciones[9] y fue testigo de cómo el pequeño cementerio se llenaba de más y más lápidas.

Además, quería tener hijos. Los niños eran su único sueño. Quería construir una casa llena de risas y calidez. Sabía que podía lograrlo. Y sus cuidadores también lo sabían, de cierto modo, pues en la Colonia su trabajo era cuidar de otros reclusos: bañarlos, cantarles, ayudarles a ponerse la pijama, mecerlos para que se durmieran. Apta para cuidar a los niños del Estado, pero no a los propios.

Durante años se negó a ser esterilizada con la esperanza de que alguien —sus padres, su presidente, alguien luchando por el Bien en algún lugar— fuera a liberarla. Se negó a entregarles a sus captores la única parte de su identidad que quería conservar para sí misma: madre. Se negó a entregar la única fuente de esperanza que la mantenía en pie.

Un día, a principios de los sesenta, apareció una niña en la Colonia. Su nombre era Mary y estaba alterada, asustada, tenía ganas de volver a casa. «Le dije que no se preocupara, que todo estaría bien», me contó Anna.[10] Y luego, con sus 13 años, tomó a la pequeña Mary bajo su protección. La meció en los columpios, dejó que se aferrara a su vestido mientras hablaban con los niños, le dijo a qué miembros del personal evitar y cuáles tenían dulces. Más tarde, Mary me diría que no está segura de cómo habría sobrevivido ese tiempo allí sin Anna.[11]

Finalmente la adolescencia de Anna dio paso a la edad adulta. Con nuevos músculos —en las piernas y en la mente—, logró escapar por encima de la valla y hacia el bosque. Corrió por la colina, a través de los árboles, hacia las montañas, hacia las vías del tren, hacia cualquier otra cosa. Pero la policía la detuvo antes de que llegara a la ciudad y la llevó de regreso a la Colonia. Las puertas se cerraron detrás de ella y fue golpeada —su cabeza contra el muro— por haber intentado escapar.

No aptos. Sin juicio, solo una realidad de la naturaleza.

Luego, un bochornoso día de agosto de 1967, unos meses después de cumplir 19 años, una enfermera le dijo que tenía que hacerse un chequeo.[12] La condujo a un consultorio, le puso una máscara en la cara y salió de la habitación. Anna vio que las paredes a su alrededor comenzaban a desdibujarse. Supuso que la estaban sacrificando. «Pensé que era mi final, que no volvería a despertar», me dijo. «Pero desperté».

Despertó. Tenía un vendaje en el estómago, 25 puntos toscamente atados tratando de ocultar un robo. Nadie le contó lo que le habían hecho. Tan solo le dijeron que pronto sería libre.

Hoy en día, Anna vive en un departamento de dos habitaciones a pocos kilómetros de la Colonia, que aún se cierne sobre su colina. La otra ocupante de la casa es Mary, su amiga desde la juventud. Llevan una década viviendo juntas. Tras ser libradas de las instalaciones de Lynchburg, Mary se casó con el hermano de Anna, Roy. Si bien el matrimonio duró poco, ellas disfrutaron tanto la sensación de ser una familia legal —cuñadas— que se han llamado a sí mismas hermanas desde entonces.

Anna me abre la puerta al llegar. Mary está sentada en un reposet y me saluda con su bastón, pidiéndome un abrazo. Escucho el graznido de los pájaros. Las mujeres me presentan a su par de periquitos, Pretty Boy y Pretty Girl. Uno amarillo, uno azul. Hay una jungla de plantas: hiedras y suculentas y filodendros colgantes. En el sofá, sentada con un pañalero blanco y unas diminutas zapatillas rosas, hay una muñeca. Una réplica perfecta de un bebé humano, con ojos azul mármol y labios de plástico.

Mary me da un abrazo. Anna se apresura a la cocina para servirme un té helado. Aprovechando, vuelve a llenar el vaso de su amiga, luego se instala en otro reposet junto a ella y me cuenta cómo se mudaron a casas en la misma calle después de salir de la Colonia.

«Le dijeron a Anna que no podía cuidar niños, pero pudo cuidar a mi hijo»,[13] dice Mary, que no fue esterilizada en la Colonia y, años más tarde, tuvo un hijo con su segundo marido. Anna vivía cerca y acudía en un abrir y cerrar de ojos para cuidar al niño. «¡Cuando la necesitaba, ella siempre estaba ahí!».

«Era un bebé dulce, sí que lo era», dice Anna. Me cuenta cómo lo llevaba al parque, cómo le encantaba que lo persiguieran: salía corriendo y luego volteaba a verla para asegurarse de que seguía ahí. Después cambia de tema. «Siempre quise tener hijos, pero no pude hacerlo».

«Eh», dice Mary, moviendo las manos en al aire mientras apresura una broma sobre cómo los niños no son todo lo que dicen: «Quiero decir, empezando por los costos médicos...».

Los hombros de Anna comienzan a rebotar, luego los de Mary. La habitación se llena de alegría: los tosidos estridentes de una y las risitas más suaves de la otra. Anna saca una foto del hijo de Mary, ahora un hombre adulto. Tiene el pelo oscuro, un mentón de estrella de cine y el brazo alrededor de una prole de sus propios hijos.

«Cuéntale de tu bebé», propone Mary. Y Anna me presenta a la muñeca sentada en el sofá. «Ella es Little Mary», dice. Me cuenta que la lleva a todas partes. A la iglesia. A Walmart. A la cama con ella cada noche. Dice que hace unos años un ciclón destruyó el remolque en el que vivían. Ella y Mary (la humana) habían salido ese día, pero la muñeca había quedado atrapada bajo los escombros. Ahora no puede soportar la idea de dejarla sola.

Mary interviene para decir que a veces la gente mira raro a Anna por llevar su muñeca. Apenas el otro día una mujer se quedó viéndola fijamente en el autobús. «Le dije a Anna: "¡No pongas a ese bebé a un lado!". Le dije: "¡Abrázala! No prestes atención a lo que la gente dice sobre tu bebé. Es *tu* bebé"». Anna sonríe y le da un pequeño beso a la cabeza calva de la muñeca. Mete un biberón entre sus labios duros y le seca la leche imaginaria. Atrae a la muñeca hacia su pecho y se desvanece en ese abrazo por un momento, luego reaparece para arrullarla y hacerla eructar dándole golpecitos a su espalda de algodón.

Cuando le pregunté a Anna qué pensaba de personas como David Starr Jordan, los que promovieron las ideas que tanto le robarían —su libertad, su infancia, su sueño de tener hijos—, dijo que se sentía enojada.[14]

Pero intenta no concentrarse en la ira, no mirar la cicatriz. Prefiere vivir con intensidad la vida que los eugenistas no creían que fuera digna. Bebe su té helado con muchos hielos. Riega sus plantas. Colorea página tras página de animales alegres. Un zorro surfero. Un lobo en kayak. Un conejo, un caracol y una mariposa bailando en una línea de conga. Ahorra su escaso dinero para animar a su amiga. El año pasado, cuando Mary descubrió que su hijo y sus nietos no podrían visitarlas en Navidad, Anna salió corriendo y le consiguió el mejor regalo posible: un hámster vivo, que respira, de corazón palpitante. Al verlo, Mary se sintió abrumada. Lo llamó Sugarfoot y me muestra cómo lo saluda cada mañana, sacándolo de su jaula y presionando su pequeña mejilla contra la de ella. Casi se puede oír un ronroneo. Dentro de la jaula, una minúscula bola de discoteca gira bajo la luz del sol, arrojando docenas de pequeños destellos a través de la habitación. Pretty Boy y Pretty Girl agitan sus alas, como si aplaudieran. A medida que avanza la mañana, los cubitos de hielo explotan y tintinean en los vasos. La sala de estar es una colección de movimiento, luz, risas y calidez; está viva.

Aquel día, mientras me alejaba de su casa, pensé en la creencia de los eugenistas de que estas vidas no eran dignas de ser vividas. De que eran de alguna manera un peligro para la sociedad. Me enfureció.

Pensé en la cicatriz nudosa en el abdomen de Anna. Me pregunté cómo se sentiría mirar hacia abajo y ver un sello de indignidad aprobado por la Suprema Corte. Saber que esa cinta morada había sido pensada como un regalo: la misericordia de la nación de dejar que tus años se agotaran en lugar de matarte en el acto, tal y como hubieran deseado.

Pensé en el hecho de que David Starr Jordan quizá habría considerado a mi hermana no apta, de haberla conocido. Porque se pone nerviosa con las cajas registradoras. Pensé en cómo probablemente también a mí me habría considerado no apta. Mi tristeza le habría repugnado, un signo de fracaso moral. Una vida desperdiciada con aliento a azufre.

Quería tener una réplica impresionante. Alguna forma grandiosa de decirle lo equivocado que estaba. Decirle que importamos, importamos. Pero tan pronto como sentía que mi puño se levantaba, mi cerebro lo jalaba hacia abajo. Porque, por supuesto, no es así. *No importamos*. Esta es la fría verdad del universo. Somos partículas parpadeando dentro y fuera de la existencia, sin ningún significado para el cosmos. Ignorar esta verdad es, curiosamente, comportarse igual que David Starr Jordan, cuya ridícula creencia en su propia superioridad le permitió perpetrar una violencia tan impensable. No, ser lúcido y Bueno era reconocer nuestra insignificancia con cada respiro, a cada paso. Decir lo contrario era pecar, mentir, inclinarse hacia el engaño, la locura o algo peor.

Qué lío.

Un ouroboros comiéndose la cola.

Un escinco de cola azul trepando en busca de redención, tan solo para ser golpeado por la verdad del águila en las alturas.

Me sentía estancada.

Esa mañana en su sala de estar le hice a Anna una pregunta estúpida. Una pregunta indulgente y egoísta. Después de escuchar las historias de su encierro, de su abuso, de su violación, de cuando la llamaron retrasada, la empujaron al barro, le rompieron la mandíbula y le mutilaron los órganos reproductivos, pregunté: «¿Y cómo le haces para seguir adelante?».

Era la pregunta que les había hecho a todos, en cierto modo, durante mi vida entera. La razón por la que había pasado tantos años investigando la vida de David Starr Jordan; la pregunta que le había hecho a mi padre cuando era niña; la razón por la que me había mostrado tan reacia a dejar ir al hombre de cabello rizado, su fascinante manera de hacer brotar risa de la tierra fría. Esa ligereza era la cualidad a la que deseaba acercame, la sustancia que quería aprender a fabricar por mí misma, la receta que parecía incapaz de encontrar, por más que buscaba.

Anna me miró, insegura. Comenzó a pensar. Desvié la mirada hacia las plantas para darle espacio.

Finalmente, Mary intervino. «¡Es por mí!».[15]

Anna se echó a reír. Seguro. Cierto. Por supuesto. «Es por *Mary*».

Fue una broma, una manera de salvarnos a todas de mi paso en falso. Pero cuanto más pensaba en ello, más comenzaba a preguntarme acerca de su grado de verdad. Pensé en su departamento, los reposets combinados, los periquitos combinados, los vasos de té helado combinados. La muñeca apoyada en el sofá. El hámster girando en su jaula. Comencé a ver algo que no había notado conscientemente mientras estaba sentada allí. Una especie de hilo invisible entre las dos mujeres. Su manera de cuidarse una a otra, aplastando la tristeza, repitiendo cada broma, esforzándose por mantener la atmósfera ligera.

Todos estos años después, Anna sigue cuidando a Mary. Es ella quien abre la puerta, quien le sirve a Mary algo de tomar, quien riega las plantas porque a su amiga le duelen demasiado las rodillas para estar de pie. Fue Anna quien le presentó a Mary a su novio actual, Mike. Aunque Anna es la más pequeña ahora, la más tímida, aunque carece de los éxitos que Mary ha acumulado (el hijo, los nietos, el sentido del humor rápido, la cadena interminable de romances), sigue siendo su protectora. Todavía la mece en los proverbiales columpios, tratando de emocionarla con cualquier humilde deleite que pueda obtener de esta tierra: gravedad, té helado, hámsteres.

Y Mary. En casi todas las interacciones pude ver lo agradecida que está. No juzga a su amiga por amar a una muñeca. En cambio, refuerza ese amor. Mary señaló un collar de cuentas de colores que colgaba del cuello de la muñeca. «¡Yo lo hice!», dijo. Me la imaginé sola en su habitación, ensartando en silencio una cuenta tras otra en un cordón de nailon, preparando la sorpresa. Queda claro que siempre está pagando la deuda de la protección de Anna en la Colonia, que encuentra auténtico significado en devolverlo.

Mientras seguía conduciendo, con el cielo comenzando a oscurecerse, me di cuenta de que aquellas mujeres también me habían mostrado evidencia de otros hilos, hilos que se extendían mucho más allá de las paredes de su hogar. Me habían hablado de una mujer de su iglesia, una tal Gail, que pasaba un par de veces al mes para prepararles la cena, ayudarles con las cuentas, charlar. Me hablaron del hijastro de Mary, Josh, que les envía mensajes de texto divertidos casi todos los días. De un abogado llamado Mark Bold que luchó durante años por obtener una restitución financiera para Anna por haber sido esterilizada, un hombre que al final obtuvo 25 000 dólares para ella y se negó a aceptar un solo centavo por su trabajo. Me hablaron de su vecino Grant, que les saluda desde su balcón todas las mañanas. Sobre la recepcionista de su condominio, Ebony, a quien llaman su «ángel de la guarda» porque movió muchos hilos para conseguirles un lugar donde vivir después de que el ciclón destruyó su remolque. Recordé que, cuando me registré en la recepción, los ojos de Ebony se iluminaron al escuchar a quién había ido a ver. «Ahhh», dijo, «¡ellas son mis amores!».[16] Señaló una serie de dibujos de Anna pegados con cinta adhesiva sobre su escritorio. Un cachorro soñoliento. Un zorro ruborizado. Dijo que la habían estado colmando de gratitud desde el momento en que entraron por la puerta. Asegura que no se lo merece, de verdad, pero es un bienvenido descanso en sus días largos y llenos de quejas.

Poco a poco, lo vi con más claridad. Esta pequeña red de personas que se mantienen a flote unas a otras. Estas interacciones minúsculas —un saludo amistoso, un dibujo a lápiz, algunas cuentas de plástico atadas a un cordón de nailon— pueden no parecer mucho desde el exterior, pero para las personas que están dentro de esa red lo son todo. Las ataduras mismas que las mantienen unidas a este planeta.

Eso era lo más enloquecedor de los eugenistas. Ni siquiera consideraron que una red como esta fuera posible. No consideraron las formas tangibles en las que personas como Anna y Mary podrían enriquecer a la sociedad que las rodea, fortaleciéndola, reflejando la luz. Mary no está segura de cómo habría sobrevivido a la Colonia sin Anna. Bueno, pues eso. Eso es algo, ¿cierto? La diferencia entre la vida y la muerte. ¿Eso no cuenta?

Y ahí fue cuando me cayó el veinte: decir que Anna importa no era una mentira. O que Mary importa. O que —¿estás listo?— tú, persona lectora, importas.

No es una mentira, sino una forma más precisa de ver la naturaleza.

¡El *principio del diente de león*!

Para algunas personas un diente de león puede parecer una mala hierba, pero para otras es mucho más. Para un herbolario, es un medicamento: una forma de desintoxicar el hígado, limpiar la piel y fortalecer los ojos. Para un pintor, es un pigmento; para un hippie, una corona; para un niño, un deseo. Para una mariposa, es sustento; para una abeja, una cama de apareamiento; un punto en el vasto atlas olfativo de la hormiga.

Y así debe ser con los humanos, con *nosotros*. Desde la perspectiva de las estrellas o del infinito o de algún sueño eugenésico de perfección, una vida humana parece no importar. Podría ser una partícula sobre una partícula sobre una partícula que pronto desaparecerá. Pero esa es solo una de las infinitas perspectivas. Desde la perspectiva de un departamento en Lynchburg, Virginia, esa misma persona podría ser mucho más. Una madre suplente. Una fuente de risa. Una forma de sobrevivir a los años más oscuros.

Esto era lo que Darwin estaba tratando de hacerles ver a sus lectores: no hay una sola forma de clasificar los organismos de la naturaleza. Quedarse atascado en una jerarquía es perder el panorama general, la verdad desordenada de la naturaleza, la «maquinaria completa de la vida».[17] La labor de la ciencia es tratar de mirar más allá de las líneas «convenientes» que trazamos en la naturaleza.[18] Mirar más allá de la intuición, donde habita algo más salvaje. Saber que en cada organismo que miras hay una complejidad que nunca comprenderás.

Mientras conducía, me imaginé a todos los dientes de león del mundo asintiendo con la cabeza al unísono al notar que al fin yo lo había comprendido. Moviéndose más allá de mis ruedas, agitando sus pompones amarillos, animándome. Por fin había encontrado una réplica a mi padre. *Importamos, importamos*. De maneras tangibles y concretas, los seres humanos le importamos a este planeta, a la sociedad, a los demás. No es una mentira. No es una excusa cursi ni un pecado. ¡Era el credo de Darwin! La mentira fue decir que no importábamos y dejarlo así. Eso fue demasiado lúgubre. Demasiado rígido. Demasiado miope. La palabra más sucia de todas: anticientífico.

Le di un pequeño golpe al volante. Mis dedos se sentían más ligeros, más en control de la vida que conducían.

Pero todavía estaba el problema de hacia dónde me dirigía, hacia dónde conducíamos todos, en nuestros autos, con nuestros faros y nuestra esperanza. Ese mismo horizonte vacío. Todavía estaba segura de que nuestro amo era indiferente y frío y de que a la vuelta de la esquina nos esperaba eso precisamente: nada. Nada de promesas. Ni refugio. Nada que reluciera. No importa lo que hacemos ni cuánto nos importamos unos a otros.

Pero eso fue porque aún no llegaba a comprender el capítulo final de la historia de David.

DEUS EX MACHINA

UNA MAÑANA TEMPLADA DE SEPTIEMBRE David Starr Jordan dio su último respiro. Tenía 80 años. Estaba en casa rodeado de su *menagerie* de seres queridos:[1] caninos, aviares, botánicos, humanos. El día anterior había sufrido un fuerte derrame cerebral; la electricidad de su cuerpo finalmente lo traicionó. Partió con suavidad de este mundo, los eucaliptos se llevaron sus últimos suspiros en sus aromas de menta y pino, los piracantos ofrecían aplausos con sus brillantes bayas nuevas. A medida que la tierra giraba despacio hacia el sol, puede que su visión final fuera su primer amor: la luz parpadeante de las últimas estrellas en el cielo crepuscular.

Poco después del aniversario de la muerte de David, su esposa Jessie organizó una pequeña fiesta en el jardín en su honor. Abrió las puertas de casa a los estudiantes de California sin saber si acudirían. ¿A alguien le importaría? ¿Habría cambiado ya la opinión sobre su querido esposo eugenista? Según los periódicos, llegaron cientos de ellos. Multitudes de niños con guirnaldas y cestas oscilantes descendiendo al «jardín del gran humanista... como si fuera un santuario».[2]

Y la reverencia por David Starr Jordan pareció solidificarse con el tiempo. Hoy en día, al pasear por el campus de Stanford, puede verse su busto de bronce frente a la biblioteca, un edificio de psicología que lleva su nombre, retratos suyos en marcos ornamentados. Su biógrafo, Edward McNall Burns, resume su vida de la siguiente manera:

> Pocos hombres han vivido vidas más equilibradas, armoniosas y fructíferas... Resultó ser uno de los hombres más versátiles que ha producido Estados Unidos, ganando distinción no solo como educador, filósofo y científico, sino también como explorador, defensor de la paz y la democracia, asesor de presidentes y estadistas extranjeros. La amplitud de su genio se puede medir por el hecho de que un pico de montaña y una ley biológica fueron nombrados en su honor, y recibió un premio de 25 000 dólares por el mejor plan educativo para promover la paz internacional. No sería exagerado decir que pertenecía a la gran tradición del siglo XVIII, personificada por gigantes como Franklin y Jefferson.[3]

Ah, en cuanto a ese premio internacional de la paz: resulta que David pasó gran parte de sus últimos años, durante el periodo previo a la Primera Guerra Mundial, viajando por el mundo para advertir a los diplomáticos de los peligros de la guerra. Enfrentó tal resistencia que una vez fue detenido a mitad de un discurso por un general alemán que ordenó: «Genug!» (¡Suficiente!).[4] ¿Y por qué? ¿Por qué estaba tan comprometido con la impopular causa del pacifismo? Porque, según su razonamiento, la guerra le arrebataba sus mejores y más brillantes miembros a la nación. Nunca superó la muerte de su hermano Rufus. Los hombres de más alta calidad iban a luchar y morir, explicó, dejando a los «poco aptos» para reproducirse. «Si una nación envía a la destrucción a sus mejores elementos», dijo a cientos de personas reunidas en Filadelfia, «los segundos mejores ocuparán esos lugares vacantes. Los débiles, los viciosos, los deshonestos se propagarán y... tendrán la tierra para ellos».[5] En otras palabras, el pacifismo era un medio para lograr sus fines eugenistas.

A más de 1200 metros sobre el nivel del mar, en medio de la Sierra Nevada, se encuentra la cima de su montaña, Jordan Peak.[6] Está cubierta de lirios alpinos naranjas y blancos, más cerca del sol de lo que muchos de nosotros jamás estaremos. Y eso no es todo. Hay instituciones nombradas en su honor a lo largo y ancho del país, incluidas dos escuelas preparatorias,[7] un barco del gobierno,[8] un bulevar,[9] un tramo de río en Indiana, dos lagos (uno en Alaska[10] y otro en Utah),[11] un prestigioso reconocimiento científico (que incluye un premio en efectivo de 20 000 dólares)[12] y más de cien especies de peces. Pargo de Jordan. Mero de Jordan. Lenguado de Jordan.

David calculó que, de las 12 o 13 000 especies de peces conocidas por los seres humanos en su tiempo, él y sus estudiantes habían descubierto más de 2 500.[13] Es decir, desde la época de los hombres de las cavernas hasta la actualidad, él y sus discípulos revelaron casi una quinta parte de esa escamosa sección del árbol de la vida. El hecho que muchos de esos peces hayan sido descubiertos por las víctimas mismas de su campaña eugenista —los inmigrantes y los «pobres», cuyo valor para la sociedad rechazaba— fue algo que David decidió omitir del registro científico. Recientes investigaciones de Jessica George muestran cuán fuertemente dependió de la mano de obra inmigrante en su viaje de 1880 por la costa del Pacífico, a veces usando tácticas de intimidación para obligar a pescadores chinos y chinoestadounidenses a entregar sus mejores capturas.[14] Él mismo admite que a menudo era un «niño pequeño»[15] o un «mestizo»[16] o un «muchacho portugués»[17] quien lo conducía y capturaba nuevas especies. Según sus cálculos, «de las cien o más especies nuevas de peces obtenidas recientemente en Japón, dos tercios fueron capturadas por niños japoneses. Igual de efectivo es el "muchacho" en las costas de México».[18] Sin embargo, no sintió la necesidad de darles crédito oficial a estas personas, y por lo tanto su trabajo, su experiencia y sus descubrimientos pasaron a los libros de historia como suyos. Tampoco mencionó cuán gravemente su alergia al formaldehído y al etanol afectó su capacidad para manipular muestras. Más tarde, su colega George S. Meyers conjeturó que David tomó «pocas o ninguna» de las medidas reales de sus peces después de 1885.[19] No importa. Su legado como el gigante descubridor permanece intacto. Como estiman dos ictiólogos contemporáneos, «el impacto de David Starr Jordan ha sido tan generalizado que es difícil, si no imposible, medirlo... Casi todos los ictiólogos sistemáticos en América del Norte pueden rastrear su ascendencia científica o intelectual hasta él».[20]

Suspiro.

Parece que así termina su historia. David Starr Jordan pudo salir ileso, sin castigo por sus pecados, porque este es el mundo en el que vivimos. Un mundo indiferente, sin sentido de justicia cósmica en parte alguna de su tejido insensible y absurdo.

Y, sin embargo, ese no es el final. Porque nuestro mundo, infinitamente caótico, tenía un último truco bajo la manga. Una forma de arruinar el orden de David, de robarle lo más preciado para él.

¿Lo viste? Destellando a través de los anteojos de los taxónomos, refractándose en sus escalpelos, brillando a través de la portada de este mismo libro, ¿la forma insidiosa en que el Caos por fin demolió su colección de peces de una vez por todas?

No fue un rayo ni una inundación ni la decadencia ni un socavón que se abrió para tragárselos a todos. No, fue algo mucho más cruel. Tuvo que hacerlo con sus propias manos.

Lo que David Starr Jordan puso en marcha al practicar el arte de la taxonomía, siguiendo el consejo de Darwin de clasificar a los seres vivos por cercanía evolutiva, condujo a un descubrimiento fatídico. En la década de 1980 los taxónomos se dieron cuenta de que los peces, como categoría legítima de criaturas, no existen.

Los pájaros existen.

Los mamíferos existen.

Los anfibios existen.

Pero los peces, en particular, no existen.

Supe de esta alucinante idea en *Naming Nature*, el maravilloso libro de Carol Kaesuk Yoon. Me había propuesto simplemente aprender más sobre el campo de la taxonomía, y el libro de Yoon era el más reciente al respecto. Esperaba saber un poco sobre Linneo, algo de Darwin, algo sobre el ADN, para poder comprender mejor el panorama científico en el cual se desarrollaba la historia de David Starr Jordan. Lo que encontré en esas páginas me asombró.

La historia personal de Yoon se estrelló de frente con lo que ella llama «La muerte de los peces».[21] Durante la década de 1980 se encontraba estudiando para obtener un posgrado en biología, felizmente instalada en la certeza de que los peces existían en toda su plenitud, cuando una nueva generación de científicos llamados «cladistas» (o «cladistas delirantes»,[22] como a menudo se les llama) aparecieron en escena. Su nombre proviene del griego *klados*, que significa rama. Y eran ramas lo que buscaban. Estaban decididos a determinar las verdaderas ramas del árbol evolutivo, al diablo con la intuición humana. Su primera regla era simple: un grupo evolutivo legítimo debe incluir a *todos* los descendientes de un antepasado determinado, sin extras. Podrías subir o bajar del árbol tanto como quisieras para comenzar un grupo. ¿Quieres hablar de vertebrados? Excelente. Eso incluye a todas las criaturas con columna vertebral. ¿Serpientes? Dentro. ¿Gusanos? Fuera. ¿Quieres hablar de mamíferos? De acuerdo. Debes incluir a todos los descendientes de esa primera criatura capaz de producir leche. Gatos, perros, ballenas, todo bien. ¡No se permiten reptiles! Queda bastante claro.

Ahora bien, la otra gran regla de los cladistas tenía que ver con cómo responder a la más simple pero difícil de las preguntas: ¿Quién está más estrechamente relacionado con quién? Podría sonar trivial, pero este es el rompecabezas entero de la taxonomía. En un mundo de pezones, bigotes y púas, ¿cómo decides qué atributos proporcionan las pistas más sólidas?

Cuando los cladistas aparecieron en escena, estaba en boga una técnica llamada «taxonomía numérica»,[23] cuya esperanza era que las computadoras pudieran determinar la cercanía evolutiva mediante la fuerza bruta. Bastaba con ingresar tantas características como fuera posible para comparar entre especies (en aves, por ejemplo: tipo de pico, tamaño del huevo, color de las plumas, número de vértebras, longitud del intestino, etc.) y el sistema escupiría probables patrones de relación. La lógica era que, cuantas más similitudes hubiera entre dos especies, más estrechamente estarían relacionadas. Pero las relaciones que sugería la computadora a menudo no tenían ningún sentido. Al eliminar la intuición humana por completo... quedaba el Caos.

Los cladistas, sin embargo, se dieron cuenta de que ciertas características eran más útiles que otras. A las que podían mostrarte de manera confiable el paso del tiempo a través de las especies las llamaron «*novedades* evolutivas compartidas».[24] Las nuevas incorporaciones. Un juego de antenas relucientes, digamos, o una flamante aleta amarilla. Localizar las nuevas actualizaciones del modelo permitía seguirlas a través de diferentes iteraciones de criaturas (o plantas) y adivinar, con mayor seguridad, hacia dónde apuntaba la flecha del tiempo. Declarar con mayor confianza quién engendró a quién.

Fue sencillo. Fue sutil. Fue genial. Y, con el tiempo, eso revelaría algunas relaciones muy sorprendentes. Por ejemplo, por mucho que un murciélago parezca un roedor alado,[25] en realidad está más relacionado con los camellos. ¡Y las ballenas son en realidad ungulados (la familia a la que pertenecen los ciervos)!

Yoon recuerda a los cladistas entrando a grandes zancadas en su salón de clases, ansiosos por plasmar sus nuevos y atrevidos dibujos del árbol de la vida. Señalaban algunos de los ejemplos más asombrosos que la intuición había oscurecido. El hecho de que las aves sean dinosaurios. O que los hongos, por muy parecidos a las plantas que *se sientan*, en realidad están más estrechamente relacionados con los animales.[26] Pero, por lo general, dejaban lo mejor para el final, y parecían encontrar particular deleite en lo que Yoon llamó «la matanza ritual de los peces».[27]

Ella cuenta que comenzaban por señalar imágenes de tres animales. Una vaca. Un salmón. Un pez pulmonado. *¿Cuál de estas cosas no era como las otras dos?*, preguntaban. ¿Qué criatura estaba relacionada más *lejanamente* con el grupo? Era inevitable que algún pobre estudiante desprevenido levantara la mano y apuntara a la vaca. *La vaca se parece menos que los dos peces.*

«Más o menos en este momento», explica Yoon, «una sonrisa maliciosa se extendía por el rostro del cladista mientras procedía a mostrarte exactamente por qué estabas equivocado».[28]

Los cladistas insisten en encontrar las *novedades* evolutivas compartidas. Si pudiéramos, por un solo instante, no ser cegados por el manto de escamas, entonces comenzaríamos a notar similitudes más reveladoras. Tanto el pez pulmonado como la vaca, por ejemplo, tienen órganos parecidos a pulmones que les permiten respirar aire, mientras que el salmón no. Tanto el pez pulmonado como la vaca tienen una epiglotis (un pequeño pedazo de piel que cubre la tráquea). ¿El salmón? Por desgracia, carece de epiglotis. Y el corazón del pez pulmonado está estructurado más como el de una vaca que como el de un salmón. La lista sigue y sigue, llevando a los estudiantes, finalmente, a la conclusión de que el pez pulmonado está más relacionado con la vaca que con el salmón.

Y ahí es cuando comenzaban a acercarse de veras al árbol de la vida con sus proverbiales motosierras. Según Yoon, los cladistas dirían que, una vez que aceptas esto —que muchas de las criaturas acuáticas con apariencia de pez están más relacionadas con los mamíferos que entre sí—, una extraña verdad comienza a desplegarse ante tus ojos: que «pez» como categoría evolutiva es una farsa. Sería como decir, señala Yoon, que «todos los animales con manchas rojas» están en la misma categoría, «o todos los mamíferos que son ruidosos».[29] Cierto, es una categoría que puedes hacer, pero no tiene sentido científico. No dice nada sobre las relaciones evolutivas.

¿La confusión persiste? Pensémoslo de otra manera. Imaginemos que, durante milenios, los tontos humanos hubiéramos creído que todas las criaturas que vivían en las cimas de las montañas eran miembros del mismo grupo evolutivo, llamado «mish». Los peces de la montaña: mish. Bueno. De modo que mish incluye cabras montesas, sapos monteses, águilas montesas y hombres monteses, fornidos y barbudos y con whisky en mano. Ahora supongamos que, aunque esas criaturas son increíblemente diferentes entre sí, todas desarrollaron una prenda exterior protectora similar para sobrevivir a esa altitud. Imaginemos que no son escamas sino tartán. Todos están cubiertos de tartán. Águilas tartán. Sapos tartán. Hombres tartán. De tal manera que *parecen* ser el mismo tipo de criatura, dado su hábitat (cima de la montaña) y su tipo de piel (tartán). Son mish. Creímos falsamente que todos pertenecían a una misma especie.

Con los peces hemos hecho lo mismo: reducir un mundo de matices a la palabra *pez*.

En realidad, debajo del agua, bajo los disfraces de escamas, existen todo tipo de criaturas, tan variadas como las de la cima de la montaña. Están los sarcopterigios, bastante cercanos a nosotros —los peces pulmonados y los celacantos—, nuestros primos evolutivos en cierto sentido, sirenas con los pulmones en la parte superior y la cola abajo. Luego, a través de una enorme división evolutiva, los actinopterigios. Salmón. Lobina. Trucha. Anguilas. Aunque parecen gemelos de los sarcopterigios —viscosos y escamosos y pescadosos hasta la médula— por dentro son un mundo aparte. Luego están los tiburones y las rayas, condrictios. Un grupo desconcertante. Siempre creí reconocer una cercanía con los mamíferos en su piel suave y sus cuerpos voluptuosos, pero resulta que están aún más lejos de nosotros que las escamosas truchas y las anguilas. Mucho más viejos, evolutivamente. Más adelante en el árbol, acercándonos al origen de la vida, están los mixinos (no los busques, suenan adorables, pero su succionante boca y dientes filosos son material de pesadillas), que a menudo se agrupan con las lampreas con forma de serpiente en una familia llamada Agnatha. Después vienen las ascidias (o tunicados), esas sésiles criaturas que a David Starr Jordan le encantaba señalar como cuentos con moraleja sobre la pereza. Aunque técnicamente no son vertebrados (según los taxónomos actuales), estas criaturas fueron pioneras en tener una estructura similar a una columna vertebral: un mástil de cartílago llamado notocordio. En otras palabras, eran innovadores. Todo lo contrario a *descarriados*.

La categoría «peces» oculta todo esto. Oculta los matices. Descuenta inteligencia. Nos separa de nuestros primos cercanos, creando una falsa sensación de lejanía para hacernos preservar nuestro lugar en la cima de una escalera imaginaria.

Pero, mira, si te empeñas en reunir todas las cosas con apariencia de pez bajo un grupo científicamente válido, adelante. Puedes arrojar al agua a esos peces escamosos y celacantos junto con las truchas y los peces de colores, donde crees que pertenecen. ¡Incluso puedes llamar a esa categoría «peces»! Pero tendrías que añadir algunas otras criaturas para que el grupo incluya a todos los descendientes de su ancestro compartido.

¿Esas ranas posadas en la orilla del agua? Patéalas pa dentro.

¿Esos pájaros volando alto en el cielo? Ahógalos.

Las vacas, por supuesto, están dentro.

¿Tu mamá? Absolutamente. Un pez.

No, lo más científicamente lógico es admitir que los peces han sido una ilusión todo este tiempo. Los peces no existen. La categoría «peces» no existe. Esa categoría tan preciosa para David, a la que recurrió en tiempos de problemas, a la que dedicó su vida para ver con claridad, nunca estuvo allí.

Para tener una idea de hasta dónde había llegado la desaparición, acudí a los guardianes de nuestra colección nacional de peces en el Smithsonian. Quería averiguarlo: ¿los científicos de peces realmente ya no creen en su objeto de estudio? El día que fui a ver el pez homónimo de David Starr Jordan en Maryland les pregunté con osadía a los dos taxónomos que me guiaban: «*¿Existen* los peces?». Dave Smith, que lleva medio siglo trabajando como taxónomo, dio algunos rodeos antes de admitirlo: «Probablemente no».[30] Explicó que, cuando los cladistas aparecieron, no quería creerles. Eran «agresivos» hasta el punto de parecer fanáticos. Pero, con el tiempo, se dio cuenta de que, si estaba interesado en hacer bien su trabajo, en descubrir las verdaderas interconexiones de la vida, no podía negar lo que decían: que en realidad los «peces», cuando los mirabas de frente, eran una farsa como categoría. Escurridizos, flácidos, lo que los taxónomos llaman «Parafilético»: el grupo excluye a algunos de sus miembros. Más tarde llamé a una de las curadoras principales del Departamento de Ictiología del Museo Americano de Historia Natural, Melanie Stiassny, para ver si los peces también habían desaparecido de sus filas. «Ay, Dios», dijo. «Eso es ampliamente aceptado».[31] Su gesto firme, como yo esperaba.

«¡Es contraintuitivo!»,[32] me dijo Rick Winterbottom, un «cladista delirante» confeso. Él lo sabe mejor que nadie. Lleva más de tres décadas tratando de convencer a sus estudiantes de que el mundo natural no se organiza en las categorías que hemos establecido. Y se siente consternado al ver lo poco extendida que está la idea fuera de la academia. Le preocupa enfrentarse a un oponente demasiado poderoso: la intuición. La gente nunca cambiará su comodidad por la verdad.*[33]

---

* ¡Bienvenido a mi única nota al pie del libro! Gracias por acompañarme. La recompensa es enterarte del descabellado hecho de que es posible que

Carol Kaesuk Yoon tuvo dificultades para desprogramarse. Según cuenta:

> Me resultó particularmente doloroso ver morir al pez, o más bien ser asesinado, tal y como lo vi una y otra vez, en salones de conferencias, salas de seminarios, laboratorios, reunio-

---

tengamos un orden del mundo natural incorporado en nosotros. Carol Kaesuk Yoon escribe sobre el increíble caso médico de J. B. R., un paciente británico al que, en la década de 1980, un caso de herpes le causó que el cerebro se le hinchara y dañó por accidente esta pieza de la maquinaria neurológica (Yoon, 12-13). J. B. R. despertó, súbitamente incapaz de distinguir entre categorías básicas del mundo natural. No podía diferenciar un gato de una zanahoria, un hongo de un sapo. Todo fue... Caos. Pero, curiosamente, el mundo inerte estaba por completo intacto. Entendía la diferencia entre un automóvil y un autobús, una mesa y una silla, sin problema. Solo el mundo viviente estaba en ruinas. Lo que su caso sugiere, entre otros (para encontrarlos basta escribir en el buscador de Google «déficits semánticos de categorías específicas»), es que puede haber una especie de mecanismo de creación de orden dentro de nosotros: que venimos al mundo predispuestos a adquirir un conjunto muy específico de creencias sobre cómo clasificar la naturaleza. Quién pertenece a un grupo, quién pertenece a otro, quién pertenece a la cima. Otros estudios han demostrado cuán temprano parecemos obedecer estas reglas: a los cuatro meses comenzamos a diferenciar entre perros y gatos, por ejemplo. El hecho de que este orden intuitivo pueda ser parte de nuestro cableado no significa que sea verdad. Significa que es útil, que le ha funcionado bien a nuestra especie durante generaciones. Nos ha ayudado a navegar y sacarle provecho al Caos que nos rodea.

> nes científicas y pasillos silenciosos cuando era una joven y tierna estudiante de posgrado. Tan correcta como sabía que era la ciencia detrás de ello, siempre dolía un poco... Siguiendo la lógica cladística brutalmente limpia, a menudo me sentía engañada, burlada con algún tipo de juego de manos. Y no estaba sola. Casi se podía escuchar a la gente pensar: oye, espera un minuto, ¿cómo hiciste eso? ¿Qué hiciste con los peces...? Fue mucho más que un simple truco. Era la verdad desnuda.[34]

El dolor que Yoon describe es precioso para mí, la «brutalidad» de su experiencia de resignarse a perder a los peces. Porque la considero una representante de David Starr Jordan. Conociéndolo, sabiendo que creía que un bisturí le mostraría las «verdaderas relaciones» entre las criaturas, estoy convencida de que en algún punto habría llegado a aceptar la muerte del pez. Habría desollado un pez pulmonado jaspeado, digamos, vislumbrado sus pulmones, su epiglotis, su corazón de múltiples cámaras, y habría sentido la categoría disolverse entre las yemas de sus dedos. Pero no hubiera sido fácil, considerando lo preciosos que eran los peces para él: un bálsamo en tiempos de angustia, su sentido de propósito.

Su dolor, imaginarlo en cierto grado de angustia... todo eso tiene un efecto maravilloso. Me pica la piel con la más prohibida de las fantasías ateas. Que, de alguna manera, ahí afuera, codificado en las frías matemáticas del Caos, hay una especie de justicia cósmica después de todo.

Ahora mismo me imagino al pescador.

Mete su mano al fondo de una cubeta de aceitosas truchas, enrosca los dedos alrededor de una particularmente gruesa y la toma para golpear con ella las palabras *los peces no existen.*

Luego vende esa trucha por dinero. Porque esa trucha existe.

Yo lo sé.

Yo sé cómo se siente.

Además de la enfermiza satisfacción que obtengo al ver al universo robarle a David Starr Jordan sus amados peces, ¿importaba? ¿A alguien cuyo trabajo no es colocar los especímenes en frascos, le importaba que los peces, como categoría, no existan?

La pregunta comenzaba a atormentarme. Tras años de investigar estas ideas, de cubrir mi pequeña habitación en el departamento de Heather con dibujos del árbol de la vida y sentir mi corazón hincharse con la emoción de que el mundo bajo nuestros pies no era lo que pensábamos, me asaltaba la preocupación de que todo fuera cuestión de semántica. Un truco lingüístico. Los peces no existen. Gran alboroto.

Entonces, una noche, después de que Heather llegara a casa del trabajo, decidí hablar con ella. Debido a mi encaprichamiento, se había vuelto muy versada en el tema. Dejé que se quitara el abrigo y se acomodara en el sofá. Luego saqué un plato de quesos y galletas y le hice la temida pregunta: «¿Crees que algo de esto importa?».

Heather me miró horrorizada. «¡*Por supuesto* que importa!».

De todas las personas posibles, mencionó a Copérnico. Habló de lo difícil que debe haber sido para la gente de su época mirar al cielo y comprender que las estrellas no eran las que se movían. Pero, aún así, importaba hablar de ello, pensar en ello, hacer la labor mental que nos permite soltar la idea de las estrellas como un techo celestial que gira sobre nosotros cada noche. Porque, como me dijo: «Cuando renuncias a las estrellas obtienes un universo. ¿Qué pasa entonces cuando renuncias a los peces?».

No tenía ni idea. Pero en ese momento supe que esa era la clave. Que al otro lado de los peces había algo esperándonos. Que soltarlos resultaría en algún tipo de intercambio existencial.

Y pensé que el resultado sería diferente para todos.

Tal como había sido con las estrellas.

Para algunos, soltar a las estrellas fue horrible. Se sentían demasiado pequeños, demasiado inútiles, demasiado fuera de control. No lo podían creer. Les dispararon a los mensajeros. Cuando Copérnico renunció a las estrellas, fue condenado por hereje. Cuando Giordano Bruno renunció a las estrellas, fue quemado en la hoguera. Cuando Galileo renunció a las estrellas, fue puesto bajo arresto domiciliario.

Para otros, inspiró ambición, invención e ingeniería. Generaciones de seres humanos crecerían empeñados en descubrir cómo lanzar barcos al otro lado de la intuición. Sus sueños más salvajes nos permitieron llegar a la luna.

Cuando renuncié a las estrellas esa mañana en la terraza con mi papá cuando era niña, sentí una brisa, una sensación de estar dando vueltas por el cosmos sin sentido, que en los días malos podía casi aniquilarme.

Cuando mi padre renunció a las estrellas, tuvo la libertad de inventar su propia moralidad, de burlarse de cualquier regla que considerara inútil: remitentes, mangas, no comerse a sus ratones de laboratorio.

Renunciar a las estrellas seguramente tiene un efecto diferente en un sacerdote. En un nómada. En un panadero. En un fabricante de candelabros.

Lo mismo ocurre con los peces.

Cuando Carol Kaesuk Yoon renunció a los peces, desarrolló una especie de rabia hacia la comunidad científica que había venerado toda su vida.[35] Una preocupación de que, al eliminar la intuición humana, el público en general se preocupa *aún menos* por el medio ambiente, que tan desesperadamente necesita nuestra atención. A pesar de haber escrito un libro que articula tan bellamente la muerte de los peces, una parte de ella anhela volver al lenguaje simple.

Cuando Rick Winterbottom, el mencionado cladista delirante, renunció a los peces, obtuvo Propósito. Recorrió la nación con una causa. Ejecutó pez tras pez, pizarra por pizarra, ansioso por abrirle los ojos al mundo. Sintió que se estaba reconfigurando a sí mismo, que se acercaba un poco más a la verdad y estaba ansioso por ayudar a otros a asomarse a través del portal. Ahora, décadas después, está desanimado. Por la escasa cantidad de gente que ha aceptado esta nueva visión. Por lo poco que ha podido socavar sus certezas. «Ha sido una batalla constante durante, uh, treinta años», suspiró, «así que ahora me desquito con una pelota de golf. Mi nueva ambición es alfombrar el suelo del bosque y el fondo de los lagos con pequeños objetos esféricos blancos... y me va bastante bien».[36]

Cuando Trenton Merricks, el filósofo de la Universidad de Virginia que no cree en las sillas, renunció a los peces, adquirió una nueva herramienta. «No estoy tan sorprendido», me dijo cuando le informé, desalentada, de la disolución de la categoría. Esto es exactamente lo que intenta que sus alumnos comprendan. Que conocemos apenas el mundo que nos rodea, incluso las cosas más simples bajo nuestros pies. Que nos hemos equivocado antes y volveremos a equivocarnos. Que el verdadero camino hacia el progreso no está pavimentado con certeza sino con dudas, con estar «abiertos al cambio».

Cuando Anna renunció a los peces... bueno, en realidad no lo hizo.[37] Pero preguntó si era algo así como el término «no apto», ese concepto que le habían estampado en la espalda y que la arrojó detrás de las paredes de ladrillo, le robó su infancia y sus posibilidades de seguir adelante. Dije que sí, que era muy parecido a eso. Ella asintió y respondió que entonces sentía simpatía por los peces. Simpatía por la idea de que, una vez que nombras algo, tiendes a dejar de mirarlo.

Cuando el etólogo Jonathan Balcombe renunció a los peces —o, para ser justos, dice que le gustaría ver los estudios genéticos antes de hacerlo oficialmente, pero la idea se alínea con lo que ha observado—, la sensación fue de convergencia.[38] Ya había escrito un libro completo, titulado *El ingenio de los peces*, que muestra lo vasta y compleja que es su cognición. Cómo ven más colores que nosotros, cómo pueden superarnos en determinadas tareas de memoria, utilizar herramientas, diferenciar entre Bach y el blues.[39] Cómo algunas especies parecen experimentar dolor. En tono de broma, le pregunté qué se suponía que debíamos hacer, ja, dejar de comer pescado, ¿ja, ja? «Sí», murmuró. Todavía no he llegado a ese punto, pero estoy de acuerdo con su tesis, que nadando en el agua hay criaturas con mucha más complejidad cognitiva de lo que normalmente pensamos. Que *pez*, en cierto sentido, es un término despectivo. Una palabra que usamos para ocultar dicha complejidad, para mantenernos cómodos, para sentirnos más lejos de ellos de lo que en realidad estamos.

El famoso primatólogo Frans de Waal, de la Universidad de Emory, dice que los seres humanos hacemos eso todo el tiempo: restarles importancia a nuestas similitudes con otros animales para mantener nuestro lugar en la cima de la escalera imaginaria. Los científicos, señala De Waal, pueden ser los peores infractores al emplear lenguaje técnico para tomar distancia. A los «besos» de los chimpancés les llaman «contacto boca a boca»; a los «amigos» entre primates los llaman «socios de afiliación favoritos»; interpretan la evidencia que muestra que los cuervos y los chimpancés pueden fabricar herramientas como algo cualitativamente diferente del tipo de fabricación de herramientas que se supone define a la humanidad. Si un animal puede vencernos en una tarea cognitiva —ciertas especies de aves pueden recordar la ubicación precisa de miles de semillas—, lo clasifican como instinto, no como inteligencia. Este y muchos otros trucos del lenguaje son lo que De Waal ha denominado «castración lingüística»:[40] usar nuestra lengua para desempoderar a los animales, inventar palabras para mantenernos en la cima.

Mi papá no renuncia a la palabra *pez*, dice que le gusta demasiado. Entiende que es científicamente inexacta, pero la encuentra útil. Cuando le pregunto si le importa que al usarla se esté encarcelando en una forma limitada de experimentar el mundo, gime y dice: «Eh. Soy demasiado mayor para liberarme de cualquier cosa de la que no me haya liberado ya».

Mi hermana mayor no tuvo problemas para renunciar a los peces. Dejó que la categoría se le escapara de las manos. Cuando le pregunté por qué le resultaba tan fácil, dijo: «Porque es un hecho de la vida. Los humanos se equivocan». Dijo que la gente se ha equivocado con ella durante toda su vida, una y otra vez. Los médicos la han diagnosticado erróneamente, los compañeros de clase, los vecinos, nuestros padres y yo la malinterpretamos. «Crecer», me dijo, «es aprender a dejar de creer en las palabras que la gente dice sobre ti».

Es diferente para cada quien.

EPÍLOGO

YO AÚN NO SABÍA QUÉ HABÍA GANADO al renunciar a los peces.

Sabía que era momento de irme de Chicago, ya no podía esconderme en mi purgatorio. Que, a pesar de haberme sentido tan cómoda en el departamento de Heather, este nido que se volvió cálido por la creencia de mi amiga de que el hombre de cabello rizado terminaría por volver, tenía que seguir con mi vida, ver qué me tenía preparado el Caos.

Encontré un trabajo temporal como productora en la sección de ciencia de la National Public Radio (NPR). Esperaba que, por sí solo, el trabajo pudiera darme impulso. Pero lo dudaba.

Una fría tarde de febrero conduje mi pequeño coche violeta hasta Washington. Descargué mis pertenencias en un departmento en el sótano con una cama en la cocina y dos ventanas cerca del techo. Los árboles estaban deshojados, oscurecía temprano y el mundo se sentía sombrío.

Caminaba al trabajo todos los días. Un día me asaltaron. Un día cumplí 30. No conocía a casi nadie en la ciudad. Me sentí como una impostora en NPR. Era como si la gente pudiera ver la verdad, que yo era una cabeza hueca, una periodista poco calificada, una zorra, una tramposa, una villana.

Me costaba trabajo hacer contacto visual. Trabajé en una serie de historias sobre personas invidentes. Para ser honesta, me tranquilizaba estar rodeada de gente que no podía verme. A menudo pensaba en el hombre de cabello rizado. Pensaba en una pistola.

Un día llegó la primavera. Estaba corriendo colina arriba en un vecindario en el que nunca antes había corrido. Las copas de los árboles habían cobrado vida en pompones de pétalos blancos. Llegué a la cima. Había un parque con bancas, una pequeña fuente, un intrincado jardín con narcisos y helechos y flores azules. Me quité los audífonos y me adentré en él. Escuché el canto de los pájaros. Zumbidos cerca de mi cara. ¿Una libélula? ¿Una abeja? Quién sabe. Tuve una visión repentina de cortinas. Cortinas victorianas, impresas en un patrón de la naturaleza de las mismas criaturas y plantas que estaba mirando. Helechos. Libélulas. Colibríes. Tenía la brillante sensación de que todas las cosas que estaba viendo, cuyo orden nunca había cuestionado realmente...

- el pájaro, claramente inferior, si bien admirable por sus hazañas acrobáticas,
- la libélula, alma lejana, apenas animal (una ramita con alas),
- el árbol, la más poderosa de las plantas,
- el hongo, su hermano pequeño deforme,

... estaban totalmente equivocadas. Que esta jerarquía intuitiva era como las cortinas. Un diseño hecho por el hombre y dibujado sobre la naturaleza, agradable al ojo humano, quizá, pero arbitrario. Me imaginé las cortinas ondeando, revelando el destello de una ventana en la lejanía.

Tenía ganas de ver más allá de ellos, más allá de las líneas que trazamos sobre la naturaleza, hasta la tierra que Darwin prometió, la que los taxónomos podían ver, el lugar sin mapas donde los peces no existen y la naturaleza es más ilimitada y abundante de lo que podemos imaginar.

«Hay otro mundo, pero está en este»,[1] dice una cita atribuida a W. B. Yeats que mantuve clavada en mi pared durante años. Ese era el mundo que quería ver. Intenté encontrarlo en entrevistas con científicos, en documentales sobre la naturaleza, en el whisky. Y nada.

Hacía falta un esnórquel.

El plástico tuvo que presionar con fuerza contra mi nariz para que finalmente lo viera.

Permíteme explicarlo.

Unos meses después de ese día en que salí a correr, conocí a una chica. En julio. En un bar. Su rostro estaba cubierto de diamantina. Era más joven que yo. Más baja. Era mujer. Muchas cosas que no se ajustaban a mis criterios de «pareja».

Si hubiera seguido obsesionada con el hombre de cabello rizado, habría pasado de largo.

La besé. Esto no fue tan extraño, ya sabía que me gustaba besar chicas. Pero siempre había pensado que era por diversión, que sabían bien pero que sería demasiado difícil vivir con ellas. Estaba segura de necesitar un hombre. Para calmar mi alma y hacerme sentir pequeña y protegida contra el mundo enorme y terrible.

Pero vaya que me gustó su sabor. A lavanda y rubíes y a las mentiras blancas que decimos para salirnos con la nuestra. Me hizo reír. Una noche de verano, acostadas juntas en la cama, dijo de la nada: «Respeto tu sexualidad», refiriéndose al hecho de que debería ser clasificada como bisexual. *Bisexual. Bi.* Era una palabra que odiaba, se sentía reductiva y acusatoria. Pero pensé que era increíblemente dulce de su parte honrar a mis multitudes. Luego su rostro se arrugó en una gran carcajada: «¡Incluso si la sociedad no lo hace!». Traté de darle un manotazo en el hombro, pero lo esquivó.

No pude seguirle el ritmo. Un día, andando en bicicleta por el río Potomac, empezó a acelerar y fui incapaz de alcanzarla. Solía correr ocho kilómetros casi todos los días. Y no pude alcanzarla. Me gustó esa sensación. Su mente también era más rápida que la mía. Podía improvisar deslumbrantes diatribas sobre conductores inseguros, huevos revueltos, personas que firman sus correos electrónicos con una sola inicial. «¡¿Estás *tan* ocupado?!», se quejaba. «¿El culto al exceso de trabajo te tiene tan dominado que necesitas comunicar que no tienes ni cuatro milisegundos de sobra?». Tenía talento con las palabras. Llamaba a ciertos días oscuros y desquiciados «Paul Bowlsescos». Una vez describió la forma en que su corazón se estaba desgarrando con un nuevo amor por su madre como «barrancoso». Era excelente en la construcción de fogatas, podía encender una con hojas mojadas y un solo fósforo. Quería alcanzar tal maestría que le permitiera controlar la dirección en la que avanzaba el humo.

Me dije a mí misma que hasta octubre no me preocuparía por el significado de lo que estaba pasando. Octubre llegó y se fue, rápidamente. Un día compramos boletos para las Bermudas. Ella obtuvo un permiso de su trabajo como científica del gobierno, yo fingí una gripa y nos fuimos de fin de semana largo.

Habíamos elegido el Airbnb más barato de la isla, un pequeño departamento cuyo punto en el mapa estaba lejos de todos los complejos turísticos. Estaba cerca del aeropuerto, cerca de una playa llamada Tobacco Bay. Al aterrizar, nos preparamos imaginando colillas de cigarrillos flotando en el agua, gasolina derramada en las olas. Cuando nos bajamos del taxi, dejamos nuestras maletas y galopamos hacia el agua.

Este es el momento en el que la pluma me falla.

Era una caleta de agua rodeada de imponentes formaciones rocosas de piedra caliza. Nuestra Atlántida privada. Mientras corríamos hacia el agua, notamos una pequeña cabaña en el extremo más alejado de la playa. Parecía desierta. Pero, al subir a inspeccionarla, descubrimos que había un hombre adentro vendiendo bebidas. Y equipo de esnórquel.

La chica de ojos esmeralda me preguntó si quería alquilarlo. Dije que no. Lo había probado una vez, mucho tiempo atrás, y solo recordaba el sabor a goma y la sensación de la nariz comprimida.

A la mañana siguiente salí a correr larga y suavemente a lo largo de la costa, deteniéndome con frecuencia a mirar el agua y escalar dentro de fuertes abandonados. Cuando al fin regresé a Tobacco Bay, habían pasado casi dos horas. Debía ir a buscarla, pero no me pude resistir a la idea de sumergirme en el agua justo en ese momento, mientras mi cuerpo todavía estaba caliente.

Me sentí culpable mientras nadaba. Estaba siendo indulgente de nuevo. Pero entonces, sin que me diera cuenta, ella apareció. No sé de dónde salió. Emergió del agua como una sirena, hacia el horizonte. Al acercarse, vi su sonrisa amplia y boba detrás de la máscara de esnórquel.

«Toma», dijo, y se lo quitó. «Inténtalo».

Apreté la máscara sobre mis ojos. Hundí la cabeza en el agua.

No sé si fueron las endorfinas.

La claridad del agua.

Qué.

Pero los peces.

No se parecían a nada que hubiera visto antes.

Peces perico amarillos y peces ángel y rodajas de luna color turquesa. Uno violeta, de tamaño considerable, me dejó perseguirlo como un cachorro. Grité, pero el silencio reinaba. Tuve que salir del agua para que el grito se registrara correctamente. Volví a hundirme. Allí estaban las criaturas sobre las que había leído tanto. Cuyos nombres aún desconocía. Lo único que sabía era que debajo de su piel había órganos más similares a los míos de lo que solía imaginar, cerebros zumbando con los mismos iones que el mío. Sabía que no eran peces. Un banco de seres plateados vino corriendo hacia mí, siguiéndome como un tren. Me sumergí en él. Se separó y me dejó entrar. Cientos de almas plateadas me envolvieron.

Subí a tomar una bocanada de aire.

Ella seguía ahí. Quién sabe cuánto tiempo había pasado. Cinco segundos. Tres días. Nadamos más y más lejos de la seguridad de la pequeña playa, alrededor de la esquina de acantilados de piedra caliza. El agua estaba más picada ahí, más oscura y fría, pero los peces parecían aún más brillantes, más salvajes. Cuando ella se zambullía hacia las rocas, las explosiones de peces neón salían de las grietas y la rodeaban, arremolinándose sobre su espalda, a través de sus axilas, rozando la tela turquesa de su bikini. Ella era parte de ellos. «Todos somos peces», pensé. Puede ser. Aunque probablemente no. El frío y los colores no dejan lugar a tales pensamientos. «Esnórquel ser mejor invento», pensé. «Dios bendiga inventor del esnórquel. ¿Ganó premio de la paz?».

Entonces algo salió mal. Su nado se volvió repentinamente laborioso. Estaba tirando de algo cerca de su cadera. Y estábamos tan lejos. Y luego... me va a matar por escribirlo. Y luego se quitó el triángulo de tela turquesa de entre las piernas y nadó hasta mí, liberada, abriendo las piernas solo para dejarme mirar... a través de la claridad de un tubo de esnórquel... para mirarla.

Supe que estaba lista.

«NO QUIERO NUNCA UNA VIDA SIN ESTA PERSONA», fue lo que pensé.

No era la vida que había imaginado, perseguir a una mujer diminuta siete años menor que yo, que me ganaba en la bicicleta y me daba mucho por mi lado. Pero es la vida que quiero. Me abrí paso a través de las categorías. Miré más allá de aquellas cortinas con estampado de naturaleza. Vi al mundo por lo que es, un lugar de posibilidades infinitas. Todas las categorías, imaginarias. Fue la mejor sensación del mundo.

Ahora, cuando me acuesto en la cama junto a mi esposa de ojos esmeralda y llega el arma —y todavía llega, probablemente siempre llegará— considero lo que ofrece. El alivio que podría traerme. La solución al estrés de ese día y a los líos en lo que me he metido. El fin de la vergüenza.

Y luego considero a los peces. El hecho de que no existan. Me imagino un pez plateado disolviéndose en mi mano. Si los peces no existen, ¿qué otra cosa no sabemos sobre nuestro mundo? ¿Qué verdades esperan detrás de las líneas que trazamos sobre la naturaleza? ¿Qué categorías están a punto de ceder? ¿Podrían las nubes tener vida? Quién sabe. En neptuno llueven diamantes.[2] En serio, los científicos se dieron cuenta hace unos años. Cuanto más examinamos nuestro mundo, más extraño resulta. Quizá haya una madre esperando dentro de una persona considerada no apta. Quizá haya medicina entre la maleza. Salvación dentro del tipo de persona que habías descartado.

Cuando renuncio a los peces, por fin consigo eso que había estado buscando: un mantra, un truco, una receta para la esperanza. Obtengo la promesa de que me esperan cosas buenas. No porque me las merezca. No porque haya trabajado para ellas. Sino porque son parte del Caos, igual que la destrucción y la pérdida. La vida, la otra cara de la muerte. El crecimiento, de la putrefacción.

La mejor manera de asegurar que no se pierdan estos regalos, el truco que me ha ayudado a entrecerrar los ojos ante la tristeza y verlos con más claridad, es admitir, con cada respiro, que no tengo idea de lo que estoy mirando. Examinar con curiosidad y duda cada objeto en la avalancha del Caos. ¿Es esta tormenta un fastidio? Tal vez sea una oportunidad de tener las calles para ti, de ser tocado por las gotas de lluvia, de reiniciar. ¿Será esta fiesta tan aburrida como supones? Tal vez junto a la puerta trasera de la pista de baile te estará esperando una amiga con un cigarrillo en la boca, alguien que se reirá contigo durante muchos años, que transmutará tu vergüenza en sentido de pertenencia.

No estoy diciendo que siempre logre mirar el mundo de esta manera. Me aferro a mi certeza como el oso de peluche que es y mis rencores permanecen intactos; mi miedo permanece cargado, la tierra plana. Pero luego leo un artículo sobre, digamos, un nuevo órgano descubierto en el cuerpo humano llamado *interstitium*.[3] Estuvo allí todo el tiempo, pero de alguna manera no lo vimos. Y el mundo se abre un poco. Recuerdo hacer lo que hizo Darwin: preguntarme sobre la realidad que aguarda detrás de nuestras suposiciones. Quizá esa aburrida bacteria esté produciendo el oxígeno que necesitas para respirar. Quizá tu corazón roto resulte ser un regalo, el borde duro con el que rebotas para encontrar una pareja mejor. Quizá incluso tus sueños necesiten revisarse. Quizá incluso tu esperanza necesita que dudes de ella.

Cuando tenía 16 años no tenía manera de saber que mi hermana mayor en algún momento se mudaría a un departamento a unos 13 kilómetros de casa de mis padres. Que colocaría estampitas de flores en todas sus paredes, que llenaría su cama de peluches, que guardaría su cereal en el refrigerador. Que poco a poco se haría amiga de algunos vecinos, que ayudaría a esa anciana con sus compras, a aquella joven pareja con su bebé. Que sufriría un horrible accidente automovilístico, sin heridos, pero con dos coches destrozados, y dejaría de conducir en el acto. Que después comenzaría a caminar, que caminaría por la ciudad de Boston, caminaría por sus aceras, puentes y trenes, que usaría una cangurera azul aqua, que charlaría con extraños. Que un maestro de clases para adultos con discapacidades se fijaría en ella y le pediría que codirigiera a un grupo de caminata. Que ahora camina para ganarse la vida, camina para vivir. Mis amigos que viven en Boston me dicen que la ven todo el tiempo, caminando, con su cangurera brillante, sonriendo. Verla los hace sonreír también.

No tenía manera de saber que ella y mi padre se volverían cercanos a su propia y extraña manera. Que su amor compartido por los palitos de pan a menudo los llevaría a su restaurante italiano favorito a cenar solos. Que de vez en cuando la sorprendería apoyando la cabeza en su hombro por un instante, y en ese instante los planetas se harían más livianos. Que la madre de mi padre, una mujer de gran fuerza, caería enferma repentinamente. Que mi hermana mayor, en un acto tan emblemático de ella —su cariño, su conciencia, su hiperpuntualidad— le enviaría a mi padre una tarjeta de condolencias que llegaría, de alguna manera, un día antes. Que, al día siguiente, a los pocos minutos de la muerte de su madre, pensaría en la tarjeta de mi hermana y se echaría a reír: el primer rayo de calor en el día más sombrío.

No podría haber imaginado las paredes del refugio que encontraría con la chica de ojos esmeralda. Que nuestra terraza estaría llena de luciérnagas y arbustos de azaleas en los que ocasionalmente brotarían nidos de pájaros, que nuestro césped no tendría mucha hierba, pero sí una hoguera donde los vecinos a veces vendrían a incinerar sus árboles de Navidad y compartir su aguardiente de cereza y donde, algún día, un niño pequeño se arrastraría por la tierra hacia una mancha de flores que no hemos podido cortar, y empujaría una, boing, el juguete más fino, boing, el más interesante, boing, del mundo entero.

Si bien es cierto que los científicos han descubierto que las ilusiones positivas contribuyen a alcanzar nuestras metas, he llegado a creer que hay cosas mucho mejores más allá de dichas metas.

Al renunciar a los peces, obtengo una llave maestra. Una llave maestra con forma de pez que elimina la cuadrícula de este mundo y abre paso a un lugar más salvaje. El *otro mundo* dentro de este. Un lugar donde los peces no existen y los diamantes llueven del cielo y todos y cada uno de los dientes de león resuenan con posibilidades.

Para girar la llave basta con desconfiar de las palabras. Si los peces no existen, ¿en qué otra cosa estamos equivocados? Como hija de un científico me tomó mucho tiempo, pero al renunciar a los peces me doy cuenta de que la ciencia misma es defectuosa. No es el faro hacia la verdad que siempre había creído, sino una tosca herramienta que suele causar muchos estragos en el camino. Consideremos la palabra *orden*. Viene del latín *ordinem*, que designaba el orden de los hilos en una trama. Con el tiempo, se extendió como una metáfora que describe la forma en que las personas se colocan ordenadamente bajo el gobierno de un rey, general o presidente. En la década de 1700 se empezó a aplicar a la naturaleza, bajo la suposición —una fabricación humana, una imposición, una conjetura— de que hay un conjunto ordenado de rangos que encontrar. He llegado a creer que es el trabajo de nuestras vidas derribar este orden, seguir desafiándolo, tratar de desentrañarlo, liberar los organismos atrapados en él. Que es el trabajo de nuestras vidas desconfiar de nuestras propias medidas, en especial aquellas sobre posición moral y mental. Recordar que detrás de cada regla hay alguien que pone las reglas. Recordar que una categoría es, en el mejor de los casos, una aproximación; en el peor de ellos, un grillete.

Poco después de escribir estas palabras por primera vez, los supremacistas blancos llegarán a la ciudad donde vivimos, Charlottesville, Virginia. Se estacionarán frente a nuestra casa, sus ruedas sobre la grava de nuestra entrada. Irrumpirán en el parque con sus escudos con suásticas y sus cortes de pelo a la moda para defender la estatua de un líder confederado. Atropellarán con un automóvil a una multitud de manifestantes, matando a uno e hiriendo a decenas, y golpearán a un hombre negro con sus botas y sus creencias hasta dejarlo ensangrentado.[4] Una vez que todo haya terminado, su líder hablará en la radio. Expresará pesar por la pérdida de esa vida, pero no por la idea. La idea de que ciertas razas son superiores a otras, que el blanco es mejor que el negro. Es «solo una cuestión de ciencia», se reirá, despreocupado.[5]

La escalera todavía está viva. La escalera es una ficción peligrosa.

Los peces no existen. Un mazo con forma de pez para destruirla.

Mi esposa se pasa a mi lado en la cama. Me da una palmada en el hombro. «Cálmate, Flipper», murmura, refiriéndose al hecho de que no dejo de moverme, estoy dando vueltas y vueltas sin poder dormir. Quiere que me una a ella en la paz, en el sueño, en las suaves ondas de algodón de nuestras sábanas azul pálido. Me aferro al rebosante calor de su muslo y pienso en el hecho de que, incluso en su momento más lleno de esperanza, mi insignificante cerebro jamás soñó con algo tan infinitamente embriagador como ella.

UNA NOTA SOBRE EL CAMBIO

Seis meses después de la publicación de este libro tanto la Universidad de Stanford como la de Indiana decidieron cambiar el nombre de los edificios que habían sido nombrados en honor a David Starr Jordan. En ambos casos, la decisión se produjo en respuesta a las protestas de estudiantes, profesores y exalumnos que utilizaron sus palabras en cartas, artículos, manifestaciones y en línea para protestar contra el orden establecido.

AGRADECIMIENTOS

EN PRIMER LUGAR, ESTE LIBRO debe su vida a su madrina intelectual, Carol Kaesuk Yoon. Si como lector estás aunque sea *un poco* interesado en los temas científicos que se tratan en estas páginas, no camines, corre a conseguir su libro *Naming Nature* (Nombrar la naturaleza), que explora con asombroso detalle el encontronazo entre la intuición y la verdad. Tengo suerte de que Yoon estuviera tan dispuesta a discutir ideas conmigo cuando caí por primera vez en la madriguera de la cladística; ha sido una guía llena de gracia y generosidad.

A continuación, gracias a Heather Radke, quien estuvo allí desde el inicio del libro. Quien me hizo creer, en un cálido sofá en una ciudad fría, que todo esto era interesante. Es el mejor regalo que le puedes dar a una persona. Especialmente una persona muy solitaria. Gracias.

A Aja, Lili, Sarita, Lama, Loi, KK y Kidda. Lo sepan o no, han sido ángeles silenciosos en mi mente, fuentes indestructibles de apoyo, humor y aliento. Gracias por residir ahí.

A mi madre, Robin Feuer Miller, quien me enseñó por primera vez a prestar atención a The Smalls y cuyo amor fue mi ancla principal en los días más oscuros.

A mi hermana, Alexa Rose Miller, la primera en enseñarme a desconfiar de la certeza. Durante las últimas dos décadas le ha mostrado al personal médico cómo abrazar la incertidumbre y los motivos por los que eso salva vidas. Su increíble y provocativa labor ha sido una enorme influencia en mi propio pensamiento, para saber más de ella visita ArtsPractica.com.

A mi hermana mayor, Abigail, quien me ha enseñado a ser fuerte como nadie en este planeta. Gracias por permitirme compartir estas partes de tu vida, por amarme tan ferozmente y por hacerme reír tanto, tanto.

¡A Jonathan, el maldito, Cox! Por encontrar la luz oculta en este libro. Y por luchar con tanta fuerza, incluso contra mí, para que esa luz brillara. Un enorme agradecimiento a Megan Hogan por llevar estas páginas a buen puerto, y a Emily Simonson, Janet Byrne, Sara Kitchen, Kirstin Berndt, Julia Prosser, Elise Ringo, Carly Loman, Alison Forner y Allison Har-zvi de Simon & Schuster por su trabajo arduo y creatividad. Gracias también a Jonathan Karp y Richard Rhorer por su disposición a hacer malas apuestas. Un agradecimiento comprobado a los verificadores de datos, Emily Krieger y Michelle Harris. Confirmado: sigo agradecida.

Al mejor agente que existe, Jin Auh, por no solo aceptar mis locuras, sino por haberlas defendido con tanto empeño.

A todos los eruditos y pensadores que dedicaron su tiempo a mis interminables preguntas, en particular: Paul Lombardo, Dave Catania, Seema Yasmin, Bill Eschmeyer, Chioke I'Anson, Meika Polanco, Rick Winterbottom, Alex Minna Stern, Alison Bell, Daniel Robb, Trenton Merricks, Abby y Guion Pratt; Steve Patterson, Bliss Carnochan, Luther Spoehr, Jonathan Balcombe, Kris Murphy y David G. Smith en el Smithsonian; Coco Wellington, Eileen Casella Rider y Dorianne Mebane en la isla de Penikese; Maggie Cutler, Mark Bold, Stanzi Vaubel, Christoph Irmscher, Dina Kellams, Andrea Barbour; los archivistas de las Colecciones Especiales de la Universidad de Stanford, el Instituto Hoover y los archivos de la Universidad de Indiana: aprecio enormemente su incansable ayuda. A Christopher Scharpf por sus contribuciones etimológicas e ictiológicas: para conocer algunas fascinantes etimologías de los nombres de los peces, nada hasta su sitio *The ETYFish Project*. A Richard White en Stanford y sus destacados estudiantes, quienes generosamente compartieron los documentos y las ideas que encontraron. Muchísimas gracias a Anna y Mary por confiarme sus historias y por su tiempo, amabilidad y sabiduría ejemplares.

Gracias a quienes con valentía leyeron los primeros borradores de esta cosa: Jenny Canton, Alexis Schaitkin, Nell Boesechenstein, Grace Maloney Miller, Heather Radke, Kelley Libby, Robin Feuer Miller y Chris Miller. El cuidado y tiempo que pusieron en sus notas es un regalo que probablemente nunca podré devolver, pero no dejaré de intentarlo. Gracias también al hombre de cabello rizado por permitirme compartir esta parte de nuestra historia y por no ser un castillo después de todo, sino el mejor maldito invernadero.

Dos libros que recomiendo: las cristalinas memorias de Daniel Robb sobre su tiempo como profesor en la isla de Penikese, *Crossing the Water* (Cruzar el agua). Su escritura es ligera, impresionante, a veces tierna e intensa como la isla misma. Sus preguntas sobre el valor de la reclusión, el trabajo duro y si un lugar puede transformar un alma se han quedado conmigo. En segundo lugar, *Stay: A History of Suicide and the Philosophies Against It* (Quédate: una historia del sucidio y las filosofías en su contra), de Jennifer Michael Hecht, que presenta una gloriosa variedad de argumentos no religiosos contra el suicidio. Ambos libros son lecturas particularmente hermosas y regalos que valoraré para siempre.

Soy afortunada, demasiado afortunada de haber podido aprender de algunos de los mejores narradores de nuestro país. Jad Abumrad, Alix Spiegel, Hanna Rosin, Ellen Horne, Kidda Johnson, Anne Gudenkauf, Chenjerai Kumanika, Robert Krulwich, Dominic Preziosi, Chris Tilghman, Chris Pasterczyk, Julia Bator, Pat Walters y Soren Wheeler: gracias por el tiempo que cada uno derramó en mí. Ha cambiado el curso de mi vida. Gracias también a la Fundación de Virginia para las Humanidades, el Centro de Artes Creativas de Virginia, el programa de escritura creativa de la Universidad de Virginia y la Fundación Awesome, que apoyaron este libro con la generosa donación de fondos o espacio. Y a todo el clan Maloney por recibirme con tanta calidez y tanta risa. Su amor es aún más acogedor que el sofá favorito de Nora.

¡A la ilustradora Kate Samworth! Verte hilar imágenes a partir de mis palabras ha sido el mayor placer de toda esta experiencia. Si estás leyendo esto y necesitas una ilustradora, Kate puede hacerlo todo: pintura al óleo, acuarela, grabado en madera, esgrafiado, incluso animación con plastilina. Es una loca genial de la creatividad y el asombro infinitos. Gracias por prestar tu inmenso talento a este proyecto.

Gracias a mi papá, Chris Miller, por dejarme escribir tan despiadadamente sobre algunos de sus peores momentos, por no preocuparse del todo, por preocuparse tan profundamente. Un dedo. En la nariz. Para siempre.

A la familia Wilcox, por entretener a mi esposa y a mi perro mientras este libro me mantuvo alejada de ellos. A Bob e Iney, por sus huesos, y a Jeff Werner, por su pirotecnia.

Para el dulce Jude, de tan solo 11 meses, completamente desdentado pero listo para sonreírle a un relámpago.

Y, sobre todo, por debajo de todo, a Grace. Gracias por apoyar este libro de innumerables formas; gracias por derramar todo y nunca aprender a no quemarte la lengua. Pasar tiempo contigo es la grandeza de mi vida.

NOTAS

PRÓLOGO

1 David Starr Jordan, *The Days of a Man: Being Memories of a Naturalist, Teacher and Minor Prophet of Democracy*, volumen I: 1851-1899 (Yonkers-on-Hudson, Nueva York: World Book Company, 1922), p. 288.

UN NIÑO CON LA CABEZA EN LAS ESTRELLAS

1 Jordan, *The Days of a Man,* volumen I, p. 21.
2 *Ibid.*, p. 21. Jordan dice que en parte era también para honrar «la gran admiración que sentía su madre hacia los escritos de King», *ibid.*
3 *Ibid.*, p. 14.
4 *Ibid.*, p. 9.
5 *Ibid.*, pp. 3, 11-12, 22, 26.
6 *Ibid.*, p. 22.
7 *Ibid.*, pp. 3, 4, 7.

8 *Ibid.*, pp. 41-44.

9 Louis Agassiz, *Methods of Study in Natural History* (Boston: J. R. Osgood and Company, 1875), p. 7; Kathryn Schulz, «Fantastic Beasts and How to Rank Them», *The New Yorker*, 30 de octubre de 2017.

10 Carol Kaesuk Yoon, *Naming Nature: The Clash Between Instinct and Science* (Nueva York: W. W. Norton & Company, 2009), pp. 34-35.

11 Jordan, *The Days of a Man*, volumen I, p. 22.

12 *Ibid.*, 24.

13 *Idem.*

14 *Idem.*

15 *Idem.*

16 *Ibid.*, p. 25.

17 Edward McNall Burns, *David Starr Jordan: Prophet of Freedom* (Stanford, California: Stanford University Press, 1953), p. 2.

18 Jordan, *The Days of a Man*, volumen I, p. 17.

19 *Ibid.*, p. 28.

20 *Ibid.*, p. 38.

21 *Ibid.*, p. 40.

22 *Ibid.*, p. 3.

23 *Ibid.*, p. 9.

24 *Idem.*

25 *Ibid.*, p. 27.

26 Dibujos a lápiz y tinta, Serie II-B, Caja 6B, Colecciones Especiales y Archivos Universitarios, Universidad de Stanford.

27 Jordan, *The Days of a Man*, volumen I, p. 512.

28 Werner Muensterberger, *Collecting: An Unruly Passion* (Princeton, Nueva Jersey: Princeton University Press, 1994), pp. 3, 254.

29 «Collecting Can Become Obsession, Addiction», United Press International, 15 de marzo de 2011, https://www.upi.com/Health_News/2011/03/16/Collecting-can-become-obsession-addiction/59301300299887/?ur3=1.

30 Muensterberger, Collecting: An Unruly Passion, p. 6.

31 Jordan, *The Days of a Man*, volumen I, p. 24.

32 *Ibid.*, pp. 149-154.

UN PROFETA EN UNA ISLA

1 David Starr Jordan, «The Flora of Penikese Island», *The American Naturalist*, abril de 1874, p. 193.

2 Daniel Robb, *Crossing the Water: Eighteen Months on an Island Working with Troubled Boys—a Teacher's Memoir* (Nueva York: Simon & Schuster, 2002), p. 36.

3 Marlene Pardo Pellicer, «The Outcasts of Penikese Island», *Miami Ghost Chronicles*, 31 de agosto de 2018.

4 Elizabeth Mehren, «Disciplinary School for Boys Teaches Some Tough Lessons», *Chicago Tribune*, 17 de agosto de 2001.

5 I. Thomas Buckley, *Penikese: Island of Hope* (Brewster, Massachusetts: Stony Brook Publishing, 1997), p. 72.

6 Dave Masch *apud* Daniel Robb, *Crossing the Water: Eighteen Months on an Island Working with Troubled Boys—a Teacher's Memoir* (Nueva York: Simon & Schuster, 2002), p. 34.

7 Jordan, *The Days of a Man*, volumen I, p. 118.
8 Samuel H. Scudder, «In the Laboratory with Agassiz», *Every Saturday*, 4 de abril de 1974, pp. 369-370.
9 William James, *Louis Agassiz: Words Spoken by Professor William James at the Reception of the American Society of Naturalists by the President and Fellows of Harvard College* (Cambridge, Massachusetts: impreso para la universidad, 1897), p. 9.
10 Frank Haak Lattin, *Penikese: A Reminiscence by One of Its Pupils* (Albion, Nueva York: Frank H. Lattin, 1895), p. 54.
11 Jordan, *The Days of a Man*, volumen I, pp. 104-106.
12 Lattin, *Penikese: A Reminiscence*, p. 42.
13 G. Wilder, «Agassiz at Penikese», *The American Naturalist*, marzo de 1898, p. 190.
14 Jordan, *The Days of a Man*, volumen I, p. 10.
15 *Ibid.*, p. 18.
16 David Starr Jordan, «Agassiz at Penikese», *Popular Science Monthly*, abril de 1892, p. 723.
17 Wilder, «Agassiz at Penikese», pp. 190-191.
18 Lattin, *Penikese: A Reminiscence*, p. 24.
19 *Ibid.*, p. 21.
20 Jordan, *The Days of a Man*, volumen I, p. 109.
21 Wilder, «Agassiz at Penikese», p. 191.
22 *Idem.*
23 «Rest in Peace: Burial of Mrs. Susan B. Jordan», publicación desconocida, 17 de noviembre de 1885, documentos de David Starr Jordan, 000240, Caja 38 (Correspondencia con Susan Bowen), Carpeta 38-24, Archivos del Instituto Hoover.

24 David Starr Jordan, «Agassiz at Penikese», p. 725.

25 John G. Whittier y T. W. Parsons, *«The Prayer of Agassiz»: A Poem and «Agassiz»: A Sonnet* (Cambridge, Massachusetts: Riverside Press, 1874), pp. 3-4.

26 Louis Agassiz, *Essay on Classification* (Cambridge, Massachusetts: Belknap Press of Harvard University, 1962), p. 9.

27 Markus Eronen y Daniel Stephen Brooks, «Levels of Organization in Biology», *Stanford Encyclopedia of Philosophy*, 5 de febrero de 2018. https://plato.stanford.edu/entries/levels-org-biology/.

28 Agassiz, *Methods of Study in Natural History*, p. 71.

29 Louis Agassiz, *The Structure of Animal Life: Six Lectures Delivered at the Brooklyn Academy of Music in January and February* (Nueva York: Scribner, 1886), p. 35.

30 Agassiz, *Essay on Classification*, p. 159.

31 Agassiz, *Methods of Study in Natural History*, p. 70.

32 *Ibid.*, p. 7.

33 *Ibid.*, p. 71.

34 *Idem.*

35 Louis Agassiz, «Evolution and Permanence of Type», *Atlantic Monthly*, enero de 1874.

36 Agassiz, *Essay on Classification*, p. 10; Agassiz, *Structure of Animal Life*, p. 111.

37 Jordan, «Agassiz at Penikese», p. 725.

38 Jordan, *The Days of a Man*, volumen I, p. 118.

39 Whittier, «The Prayer of Agassiz», p. 4.

40 Jordan, *The Days of a Man*, volumen I, p. 111.

41 *Ibid.*, pp. 111-112.

42 *Ibid.*, p. 112.

43 *Ibid.*, p. 119.

UN INTERLUDIO SIN DIOS

1 Neil deGrasse Tyson, «Space», *Radiolab*, 21 de octubre de 2007.
2 Albert Camus, *The Myth of Sisyphus and Other Essays* (Nueva York: Vintage International, 1955), p. 7.
3 William Cowper *apud* Dale Peterson, ed., *A Mad People's History of Madness* (Pittsburgh: University of Pittsburgh Press, 1982), p. 65.
4 Jordan, *The Days of a Man*, volumen I, p. 120.
5 Charles Darwin, *On the Origin of Species by Means of Natural Selection, or the Preservation of Favoured Races in the Struggle for Life* (Mineola, Nueva York: Dover Publications, 2006), p. 303.
6 *Ibid.*, p. 301.
7 *Ibid.*, p. 304.
8 *Ibid.*, p. 288.
9 Agassiz, *Methods of Study in Natural History*, p. iv.
10 Jordan, *The Days of a Man*, volumen I, p. 114.

A LA CONQUISTA DE LOS MARES

1 Jordan, *The Days of a Man*, volumen I, pp. 140-141.
2 *Ibid.*, p. 141.
3 *Ibid.*, p. 140.
4 *Ibid.*, p. 144.
5 *Ibid.*, p. 202.
6 «David Starr Jordan Lauds Work of Late C. H. Gilbert», *Indianapolis Star*, 15 de julio de 1928.

7 Jordan, *The Days of a Man*, volumen I, pp. 205-209.
8 *Ibid.*, p. 208.
9 *Ibid.*, p. 228.
10 *Ibid.*, p. 129.
11 *Ibid.*, p. 212.
12 David Starr Jordan, Edwin Grant Conklin, Frank Mace McFarland y James Perrin Smith, *Foot-Notes to Evolution: A Series of Popular Addresses on the Evolution of Life* (Nueva York: D. Appleton, 1898), p. 277.
13 *Ibid.*, p. 278.
14 *Ibid.*, pp. 204, 210, 215, 221.
15 *Ibid.*, pp. 211-212.
16 *Ibid.*, p. 226.
17 *Ibid.*, pp. 288-289.
18 *Ibid.*, p. 297.
19 «Collected from the Ashes!», *Bloomington Telephone*, 21 de julio de 1883.
20 Jordan, *The Days of a Man*, volumen I, p. 279.
21 Edith Jordan Gardner, «The Days of Edith Jordan Gardner» (inédito, 1961), SC0058, Serie VIII-B, Caja 1, Carpeta 3, Colecciones Especiales y Archivos Universitarios, Universidad de Stanford.
22 «Rest in Peace: Burial of Mrs. Susan B. Jordan», documentos de David Starr Jordan, Archivos del Instituto Hoover.
23 Correspondencia múltiple, 1884, papeles de David Starr Jordan, 000240, Caja 38, Archivos del Instituto Hoover (David Starr Jordan a Susan Bowen Jordan, 24 de octubre de 1884; Susan Bowen Jordan a su padre, 22 de enero de 1884).

24 Jordan, *The Days of a Man*, volumen I, pp. 530-533.
25 Gardner, «The Days of Edith Jordan Gardner».
26 Jordan, *The Days of a Man*, volumen I, p. 326.
27 *Ibid.*, p. 46.
28 Theresa Johnston, «Meet President Jordan», *Stanford Magazine*, enero de 2010.
29 Orrin Leslie Elliott, «David Starr Jordan: An Appreciation», *Stanford Illustrated Review*, octubre de 1931.
30 Jordan, *The Days of a Man*, volumen I, p. 46.
31 Daniel G. Kohrs, «Hopkins Seaside Laboratory of Natural History», *Seaside: History of Marine Science in Southern Monterey Bay*, 2013, p. 40, https://web.stanford.edu/group/seaside/pdf/hsl4.pdf.
32 «David Starr Jordan Lauds Work of Late C. H. Gilbert», 1928.
33 Carta de Louis Agassiz a S. G. Howe, 10 de agosto de 1863, *apud* Steven Jay Gould, *The Mismeasure of Man* (Nueva York: W. W. Norton & Company, 1996), p. 80.
34 Jordan, *The Days of a Man*, volumen I, pp. 113-114.
35 *Ibid.*, p. 377.
36 *Ibid.*, pp. 512-513.
37 *Ibid.*, p. 512.
38 *Ibid.*, p. 531.
39 *Ibid.*, pp. 23-24.
40 *Ibid.*, p. 380.
41 *Ibid.*, pp. 289-295.
42 David Starr Jordan, *The Days of a Man: Being Memories of a Naturalist, Teacher and Minor Prophet of Democracy*, volume II: *1900-1921* (Yonkers-on-Hudson, Nueva York: World Book Company, 1922), p. 105.

43 Jordan, *The Days of a Man*, volumen I, pp. 263-267.
44 *Ibid.*, p. 263.
45 Carta de Jane Lathrop Stanford a Horace Davis, 28 de enero de 1905, Colecciones Especiales y Archivos Universitarios, Universidad de Stanford, SC0033B, Serie I, Caja 2, Carpeta 10, pp. 1-8, https://purl.stanford.edu/sn623dy4566; J. Stanford a David Starr Jordan, 9 de agosto de 1904, *ibid.*
46 Robert W. P. Cutler, MD, *The Mysterious Death of Jane Stanford* (Stanford, California: Stanford University Press, 2003), p. 32.
47 Carta de David Starr Jordan a Jane Stanford, 5 de septiembre de 1904. Colecciones Especiales y Archivos Universitarios, Universidad de Stanford, SC0033B, Serie I, Caja 6, Carpeta 35, pp. 22-23, https://purl.stanford.edu/hm923kc8513; véanse también los escritos de *Sciosophy.*
48 Jordan, *The Days of a Man*, volumen I, pp. 219-220.
49 *Ibid.*, p. 220.
50 David Starr Jordan, «The Sympsychograph: A Study in Impressionist Physics», *Popular Science Monthly*, 18 de septiembre de 1896; David Starr Jordan, «The Principles of Sciosophy», *Science*, 18 de mayo de 1900.
51 David Starr Jordan, «Science and Sciosophy», *Science*, 27 de junio de 1924, p. 565.
52 *Ibid.*, p. 569.
53 David Starr Jordan, «The Moral of the Sympsychograph», *Popular Science Monthly*, octubre de 1896, p. 265.

54 Carta de Jane Stanford a Horace Davis, 14 de julio de 1904 (Archivos de la Universidad de Stanford) *apud* Cutler, *The Mysterious Death of Jane Stanford*, p. 107.
55 Cutler, *The Mysterious Death of Jane Stanford*, p. 32.

EL GÉNESIS EN UN FRASCO

1 Entrevista personal, Steve Patterson, 13 de enero de 2017; Entrevista personal, Chioke I'Anson, 12 de diciembre de 2017; Entrevista personal, Trenton Merricks, 27 de octubre de 2017.
2 Entrevista personal, 27 de octubre de 2017.
3 Base de datos de la Colección de Peces del Museo Nacional de Historia Natural del Instituto Smithsonian (espécimen 51444), https://collections.nmnh.si.edu/search/fishes/; Registro Mundial de Especies Marinas (AphiaID #367712), http://www.marinespecies.org/aphia.php?p=taxdetails&id=367712; Catálogo de Peces de la Academia de Ciencias de California (CAS-SU 7940), http://researcharchive.calacademy.org/research/Ichthyology/collection/index.asp; B. A. Sheiko y C. W. Mecklenburg, «Family Agonidae Swainson 1839», Annotated Checklists of Fishes, No. 30, febrero 2004, Academia de Ciencias de California, pp. 1-3, 20-22, 26. Tras la publicación de la primera edición de este libro, Christopher Scharpf, de etyfish.org, aportó datos que sugieren que el ictiólogo ruso Peter Schmidt sugirió que el pez llevara el nombre de Jordan.
4 Jordan, *The Days of a Man*, volumen I, p. 145.

5 *Ibid.*, p. 121.
6 *Ibid.*, p. 238.
7 *Ibid.*, pp. 113-114.
8 David Starr Jordan, *A Guide to the Study of Fishes* (Nueva York: Henry Holt and Company, 1905), p. 430.
9 Jordan, *The Days of a Man*, volumen II, p. 84.
10 Charles Reynolds Brown, *They Were Giants* (Nueva York: Macmillan, 1934), p. 202.
11 Jordan, *The Days of a Man*, volumen II, p. 83.
12 Bliss Carnochan, «The Case of Julius Goebel: Stanford, 1905», *The American Scholar*, enero de 2003, p. 97; Cutler, *The Mysterious Death of Jane Stanford*, p. 73.
13 Luther William Spoehr, «Freedom to Do Right: David Starr Jordan and the Goebel and Rolfe Cases» (adaptacion de Luther William Spoehr: «Progress' Pilgrim: David Starr Jordan and the Circle of Reform, 1891-1931», tesis doctoral, Universidad de Stanford, 1975), p. 2.
14 Carnochan, «The Case of Julius Goebel: Stanford, 1905», p. 99.
15 Carta de Goebel a Stanford, 6 de junio de 1904 (Archivos de Stanford, Documentos de Horace Davis SC0028, Caja 1, Carpeta 10) *apud* Carnochan, «The Case of Julius Goebel: Stanford, 1905», p. 99.
16 Carta de Stanford a Davis, 14 de julio de 1904, Archivos de la Universidad de Stanford *apud* Cutler, *The Mysterious Death of Jane Stanford*, p. 107.
17 Spoehr, «Progress' Pilgrim», p. 138.
18 «Mrs. Stanford dies, poisoned», *San Francisco Evening Bulletin*, 1º de marzo de 1905.

19 Carnochan, «The Case of Julius Goebel: Stanford, 1905», p. 101.
20 Jordan, *The Days of a Man*, volumen II, pp. 158-164.

SMASH

1 Jordan, *The Days of a Man*, volumen II, p. 168.
2 United States Geological Survey, «M 7.9 April 18, 1906 San Francisco Earthquake», https://earthquake.usgs.gov/earthquakes/events/1906calif/.
3 Abraham Hoffman, *California's Deadliest Earthquakes: A History* (Charleston, Carolina del Sur: History Press, 2017), p. 2.
4 The National Archives, «San Francisco Earthquake, 1906», https://www.archives.gov/legislative/features/sf.
5 Jordan, *The Days of a Man*, volumen II, p. 168.
6 *Ibid.*, p. 169.
7 *Ibid.*, p. 168.
8 *Ibid.*, p. 169.
9 *Idem.*
10 *Idem.*
11 Molly Vorwerck, «All Shook Up: Stanford's Earthquake History», *Stanford Daily*, 11 de octubre de 2013.
12 Jordan, *The Days of a Man*, volumen II, p. 169.
13 Crédito de la fotografía: Servicio Geológico de Estados Unidos, Colección Fotográfica de la Biblioteca de Denver / Colección Walter Curran Mendenhall, 1906.
14 Carta de Jordan a Lathrop, 24 de mayo de 1906, Colecciones Especiales y Archivos Universitarios, Universidad de Stanford, SC0058, Serie II-A, Caja 1B-29, Carpeta 107.

15 Carta de Jordan a Greene, 16 de mayo de 1906, Colecciones Especiales y Archivos Universitarios, Universidad de Stanford, SC0058, Serie II-A, Caja 1B-29, Carpeta 107.

16 Carta de Ettler a Jordan, 21 de mayo de 1906, Special Collections and University Archives, Stanford University, SC0058, Series II-A, Box 1B-29, Folder 107.

17 Carta de Jordan a Greene, 16 de mayo de 1906, Colecciones Especiales y Archivos Universitarios, Universidad de Stanford.

18 J. Böhlke, *A Catalogue of the Type Specimens of Recent Fishes in the Natural History Museum of Stanford University (Stanford Ichthyological Bulletin*, volumen V), ed. Margaret H. Storey y George S. Myers (Stanford, California: Universidad de Stanford, 1953), p. 3.

19 Jordan, *The Days of a Man*, volumen II, p. 175.

20 Böhlke, *A Catalogue of the Type Specimens of Recent Fishes*, p. 3.

21 Base de datos de la Colección Ictiológica de la Academia de Ciencias de California, CatNum: CAS-SU 6509, http://researcharchive.calacademy.org/research/Ichthyology/collection/index.asp?xAction=getrec&close=true&LotID=106509.

22 *Ibid.*, Base de imágenes de tipo primario, http://researcharchive.calacademy.org/research/ichthyology/Types/index.asp?xAction=Search&RecStyle=Full&TypeID=573.

LO INDESTRUCTIBLE

1 David Starr Jordan, *The Book of Knight and Barbara, Being a Series of Stories Told to Children: Corrected and*

Illustrated by the Children (Nueva York: D. Appleton and Company, 1899), pp. 138-40.

2 *Ibid.*, pp. 4-5.

3 Jordan, «Science and Sciosophy», p. 569.

4 Jordan, «The Moral of the Sympsychograph», p. 265.

5 Alberto A. Martínez, «Was Giordano Bruno Burned at the Stake for Believing in Exoplanets?», *Scientific American*, 19 de marzo de 2018, https://blogs.scientificamerican.com/observations/was-giordano-bruno-burned-at-the-stake-for-believing-in-exoplanets/.

6 Jordan, «Science and Sciosophy», p. 563.

7 David Starr Jordan, *Evolution: Syllabus of Lectures* (Alameda, California, 1892), pp. 6-7, SC0058, Serie II-B, Caja 7, Colecciones Especiales y Archivos Universitarios, Universidad de Stanford.

8 Jordan, *The Days of a Man*, volumen I, p. 48

9 David Starr Jordan, *The Philosophy of Despair* (San Francisco: Stanley Taylor Company, 1902), p. 17.

10 *Ibid.*, p. 14.

11 *Ibid.*, p. 30.

12 Jordan, *Evolution: Syllabus of Lectures*, p. 14.

13 Jordan, *The Days of a Man*, volumen I, p. 16.

14 Jordan, *The Days of a Man*, volumen II, p. 115.

15 Jordan, *Evolution: Syllabus of Lectures*, p. 14.

16 Jordan, *The Philosophy of Despair*, pp. 33-34.

17 *Ibid.*, p. 14.

18 *Ibid.*, p. 19.

19 *Ibid.*, p. 32.

20 Jordan, *Evolution: Syllabus of Lectures*, p. 14.

21 Jordan, *The Days of a Man*, volumen II, pp. 177-178.

SOBRE EL AUTOENGAÑO

1 Shelley E. Taylor y Jonathon D. Brown, «Illusion and Well-Being: A Social Psychological Perspective on Mental Health», *Psychological Bulletin*, vol. 103, núm. 2 (1988), p. 193.

2 *Idem.*

3 *Ibid.*, p. 195-197.

4 *Ibid.*, 199; Michael Dufner, «Self-Enhancement and Psychological Adjustment: A Meta-Analytic Review», *Personality and Social Psychology Review*, vol. 23, núm. 2 (2019), pp. 48-72.

5 *Idem.*

6 Tim Wilson, *Redirect: Changing the Stories We Live By* (Nueva York: Little, Brown and Company, 2011); Gregory M. Walton y Geoffrey L. Cohen, «ABrief Social-Belonging Intervention Improves Academic and Health Outcomes of Minority Students», *Science*, 18 de marzo de 2011, pp. 1447-1451; Kirsten Weir, «Revising Your Story», *Monitor on Psychology*/American Psychological Association, vol. 43, núm. 3 (marzo de 2012), p. 28.

7 Entrevista directa transmitida en la Radio Pública Nacional, «Editing Your Life's Stories Can Create Happier Endings», 1º de enero de 2014, https://www.npr.org/templates/transcript/transcript.php?storyId=258674011.

8 Lauren Alloy y C. M. Clements, «Illusion of Control: Invulnerability to Negative Affect and Depressive Symptoms after Laboratory and Natural Stressors», *Journal of Abnormal Psychology*, vol. 101, núm. 2 (mayo de 1992),

pp. 234-245; Sandra Murray y John Holmes, «The Self-Fulfilling Nature of Positive Illusions in Romantic Relationships: Love Is Not Blind, but Prescient», *Journal of Personality and Social Psychology*, vol. 71, núm. 6 (1996), pp. 1155-1180; Taylor y Brown, «Illusion and Well-Being», pp. 193-210.

9 Judith Rodin y Ellen Langer, «Long-term Effects of a Control-Relevant Intervention with the Institutionalized Aged», *Journal of Personality and Social Psychology*, vol. 35, núm. 12 (1977), p. 897.

10 Brad J. Bushman y Roy F. Baumeister, «Threatened Egotism, Narcissism, Self-Esteem, and Direct and Displaced Aggression: Does Self-Love or Self-Hate Lead to Violence?», *Journal of Personality and Social Psychology*, vol. 75, núm. 1 (1998), p. 219.

11 National Institute of Mental Health Report, 1995, p. 182, *apud* Richard W. Robins y Jennifer S. Beer, «Positive Illusions About the Self: Short-Term Benefits and Long-Term Costs», *Journal of Personality and Social Psychology*, vol. 80, núm. 2 (2001), p. 340.

12 Angela Duckworth, sitio web personal, https://angela duckworth.com/media/.

13 Angela Duckworth, Christopher Peterson, Michael D. Matthews, y Dennis R. Kelly, «Grit: Perseverance and Passion for Long-Term Goals», *Journal of Personality and Social Psychology*, vol. 92, núm. 6 (2007), p. 1089.

14 Angela Duckworth, *Grit: The Power of Passion and Perseverance* (Nueva York: Scribner, 2016), 57, pp. 74-78.

15 Erin Marie O'Mara y Lowell Gaertner, «Does Self-Enhancement Facilitate Task Performance?», *Journal of Experi-*

mental Psychology: General, vol. 146, núm. 3 (2017), pp. 442-455; Richard B. Felson, «The Effect of Self-Appraisals of Ability on Academic Performance», *Journal of Personality and Social Psychology*, vol. 47, núm. 5 (1984), pp. 944-952.

16 Alloy y Clements, «Illusion of Control»; Taylor y Brown, «Illusion and Well-Being»; S. Thompson, «Illusions of Control: How We Overestimate Our Personal Influence», *Current Directions in Psychological Science*, vol. 8 (1999), pp. 187-190; Múltiples estudios citados en Dufner, «Self-Enhancement and Psychological Adjustment», p. 51.

17 Duckworth *et al.*, «Grit: Perseverance and Passion for Long-Term Goals», pp. 1087-1088.

18 Jordan, *The Days of a Man*, volumen I, p. 46.

19 *Ibid.*, pp. 75-76.

20 Entrevista directa, 18 de junio de 2019.

21 Carnochan, «The Case of Julius Goebel: Stanford, 1905», p. 99.

22 David Starr Jordan, *apud* Bailey Millard, «Jordan of Stanford», *Los Angeles Times Sunday Magazine*, 21 de enero de 1934, p. 6.

23 Roy Porter, «Reason, Madness, and the French Revolution», *Studies in Eighteenth-Century Culture*, vol. 20 (1991), p. 73.

24 Delroy Paulhus, «Interpersonal and Intrapsychic Adaptiveness of Trait Self-Enhancement: A Mixed Blessing», *Journal of Personality and Social Psychology*, vol. 74, núm. 5 (1998), pp. 1197-1208.

25 Tomas Chamorro-Premuzic, *Confidence: The Surprising Truth About How Much You Really Need and How to Get It* (Londres: Profile Books Ltd, 2013).

26 James Coyne, «Re-examining Ellen Langer's Classic Study of Giving Plants to Nursing Home Residents», Coyne of the Realm, 5 de noviembre de 2014, http://www.coyneoftherealm.com/2014/11/05/re-examining-ellen-langers-classic-study-giving-plants-nursing-home-residents/; Judith Rodin y Ellen Langer, «Erratum to Rodin and Langer», *Journal of Personality and Social Psychology*, vol. 36, núm. 5 (1978), p. 462.

27 Dufner, «Self-Enhancement and Psychological Adjustment», pp. 63, 66.

28 Wilberta L. Donovan, «Maternal Self-Efficacy: Illusory Control and Its Effect on Susceptibility to Learned Helplessness», *Child Development*, vol. 61, núm. 5 (octubre de 1990), pp. 1638-1647.

29 Richard W. Robins y Jennifer S. Beer, «Short-Term Benefits and Long-Term Costs», *Journal of Personality and Social Psychology*, vol. 80, núm. 2 (2001), p. 341.

30 Bushman y Baumeister, «Threatened Egotism», p. 219.

31 *Ibid.*, p. 222.

32 *Ibid.*, pp. 219, 223.

33 *Ibid.*, p. 219.

34 Abey Obejas y David Greene, «Complicated Feelings: "The Little Fidel in All of Us"», *Morning Edition, National Public Radio*, 30 de noviembre de 2016, http://www.npr.org/2016/11/30/503825310/complicated-feelings-the-little-fidel-in-all-of-us.

35 Joshua Keating, «Moscow to ban snow», *Foreign Policy*, 15 de octubre de 2009, https://foreignpolicy.com/2009/10/15/moscow-to-ban-snow/.

36 United States Government Accountability Office, «Report to Congressional Requesters», julio de 2018, p. 19, https://www.gao.gov/assets/700/693488.pdf.

37 JM Rieger, «For years Trump promised to build a wall from concrete. Now he says it will be built from steel», *Washington Post*, 7 de enero de 2019, https://www.washingtonpost.com/politics/2019/01/07/years-trump-promised-build-wall-concrete-now-he-says-it-will-be-built-steel/.

38 Bushman y Baumeister, «Threatened Egotism», p. 228.

39 Spoehr, «Freedom to Do Right», p. 53.

LA COSA MÁS AMARGA DEL MUNDO

1 Carta de Goebel a Stanford, 6 de junio de 1904 (Archivos de Stanford, Documentos de Horace Davis SC0028, Caja 1, Carpeta 10), *apud* Carnochan, «The Case of Julius Goebel: Stanford, 1905», p. 99.

2 Spoehr, «Progress' Pilgrim», p. 138.

3 Cutler, *The Mysterious Death of Jane Stanford*, pp. 20-25.

4 *Ibid.*, p. 25.

5 *Ibid.*, pp. 32-33.

6 *Ibid.*, pp. 9-10, 23, 98.

7 Departamento de Agricultura de Estados Unidos, «Report for February 1905: Hawaiian Section of the Climate and Crop Service of the Weather Bureau», p. 7, https://babel.hathitrust.org/cgi/pt?id=uc1.$c188080&view=1up&seq=23.

8 *Pacific Commercial Advertiser*, 2 de marzo de 1905, *apud* Cutler, *The Mysterious Death of Jane Stanford*, p. 10.
9 Cutler, *The Mysterious Death of Jane Stanford*, p. 9.
10 *Ibid.*, p. 10.
11 *Ibid.*, p. 12.
12 *Ibid.*, pp. 12-13.
13 *Ibid.*, p. 14.
14 *Idem.*
15 *Idem.*
16 *Ibid.*, p. 15.
17 *Idem.*
18 *Ibid.*, p. 17.
19 *Ibid.*, pp. 17-18.
20 *Ibid.*, pp. 39-41.
21 *Ibid.*, p. 41.
22 *Ibid.*, pp. 39-40.
23 *Ibid.*, p. 11.
24 *Ibid.*, pp. 17-18.
25 *Ibid.*, p. 15.
26 *Ibid.*, p. 45.
27 «Quick Stanford Verdict», *New York Times*, 11 de marzo de 1905.
28 Cutler, *The Mysterious Death of Jane Stanford*, p. 47.
29 *Ibid.*, p. 48; «Testimony of Dr. Waterhouse», Archivos de la Universidad de Stanford *apud* Cutler, *The Mysterious Death of Jane Stanford*, pp. 48, 55.
30 Cutler, *The Mysterious Death of Jane Stanford*, pp. 46, 62.
31 *Ibid.*, p. 62.
32 Carta de Jordan a Carl S. Smith, 24 de marzo de 1905, Colecciones Especiales y Archivos Universitarios, Univer-

sidad de Stanford, SC0033B, Serie 4, Caja 1, Carpeta 11, p. 4, https://purl.stanford.edu/dr431vh4868.

33 «Not Murder, Says Jordan: Thinks Unfit Food and Exertion Killed Mrs. Stanford», *New York Times*, 15 de marzo de 1905.

34 Entrevista directa, 8 de febrero de 2017. Las futuras observaciones de la doctora Yasmin proceden de esta conversación.

35 Jordan, *The Days of a Man*, volumen I, p. 146.

36 «Jordan Scouts Poison Idea: University President Doesn't Think Mrs. Stanford Was Murdered», *New York Times*, 15 de marzo de 1905.

37 «Not Murder, Says Jordan: Thinks Unfit Food and Exertion Killed Mrs. Stanford».

38 Cutler, *The Mysterious Death of Jane Stanford*, p. 50.

39 *Ibid.*, p. 54.

40 *Ibid.*, p. 56.

41 «Not Murder, Says Jordan: Thinks Unfit Food and Exertion Killed Mrs. Stanford».

42 Cutler, *The Mysterious Death of Jane Stanford*, p. 55.

43 *Ibid.*, p. 54.

44 *Pacific Commercial Advertiser*, 17 de marzo de 1905, *apud* Cutler, *The Mysterious Death of Jane Stanford*, p. 56.

45 Carta de Jordan al juez Samuel Franklin Leib, 22 de marzo de 1905, Archivos Universitarios de Stanford, *apud* Cutler, *The Mysterious Death of Jane Stanford*, p. 37. Leib sucedió a Jane Stanford como presidente del consejo de administración de la Universidad de Stanford.

46 Cutler, *The Mysterious Death of Jane Stanford*, pp. 75-76.

47 «Jane Stanford: The Woman Behind Stanford University», sitio oficial de la Universidad de Stanford, 17 de julio de 2010, https://web.archive.org/web/20160521025646/, http://janestanford.stanford.edu/biography.html.

48 «Meet President Jordan», *Stanford Magazine*, enero de 2010, https://stanfordmag.org/contents/meet-president-jordan.

49 Lee Romney, «The Alma Mater Mystery», *Los Angeles Times*, 10 de octubre de 2003.

50 Entrevista directa con Maggie Cutler, 12 de mayo de 2017.

51 Cutler, *The Mysterious Death of Jane Stanford*, pp. 104-108.

52 Carnochan, «The Case of Julius Goebel: Stanford, 1905», p. 108.

53 Entrevista directa con Richard White, 11 de mayo de 2017.

54 Carta de Fred(?) Baker a David Starr Jordan, 4 de marzo de 1905, Colecciones Especiales y Archivos Universitarios, Universidad de Stanford, SC0033B, Serie 4, Caja 1, Carpeta 14.

55 Carta de un desconocido a Jordan, 16 de marzo de 1905, Colecciones Especiales y Archivos Universitarios, Universidad de Stanford, SC0033B, Serie 4, Caja 1, Carpeta 14; véase también Colecciones Especiales y Archivos Universitarios, Universidad de Stanford, SC0058, Serie IAA, Caja 14, vol. 28, dos cartas relativas a la acusación del doctor Waterhouse de comportamiento poco ético: Carta de Jordan a Mountford Wilson, 10 de mayo de 1905 (se menciona que los otros médicos de Hawái van a escribir sobre la mala conducta del doctor Waterhouse en una revista

médica); Carta de Jordan a Waterhouse, 4 de mayo de 1905 (Jordan asegura que el doctor Waterhouse actuó adecuadamente).

56 Carta de Goebel a Jordan, 24 de mayo de 1905, Colecciones Especiales y Archivos Universitarios, Universidad de Stanford, SC0058, Series IB, Caja 47, Carpeta 194.

57 Entrevista directa con Richard White, 11 de mayo de 2017.

58 Entrevista directa con Maggie Cutler, 12 de mayo de 2017.

59 Entrevista directa con Maggie Cutler, 14 de abril de 2017.

60 Entrevista directa, abril de 2017.

61 Luther Spoehr, «Letters to the Editor», *Stanford Magazine*, marzo/abril de 2004, https://stanfordmag.org/contents/letters-to-the -editor-8521.

62 Dibujos, Colecciones Especiales y Archivos Universitarios, Universidad de Stanford, SC0058, Serie IV-C, Caja 6B, Carpeta 25.

63 Carta de Lathrop a Jordan, marzo de 1905, Colecciones Especiales y Archivos Universitarios, Universidad de Stanford, SC0058, Serie IA, Caja 46, Carpeta 451.

64 Recorte de periódico desconocido, «Dr. Jordan's Statement Is Riddled by the Experts», Colecciones Especiales y Archivos Universitarios, Universidad de Stanford, SC0058, Serie IA, Caja 46, Carpeta 451.

65 Recuerdo manuscrito de Jessie Knight, Colecciones Especiales y Archivos Universitarios, Universidad de Stanford, SC0058, Serie I-F, Caja 6, Carpeta 48.

66 Caja de medallas, Colecciones Especiales y Archivos Universitarios, Universidad de Stanford, SC0058, Series XI, Caja 7.

67 David Starr Jordan, «Where Uncle Sam's Solar Plexus Is Located», periódico desconocido, abril de 1915, documentos de David Starr Jordan, Caja 53, Carpeta 28, Archivos del Instituto Hoover.

68 Diarios, Colecciones Especiales y Archivos Universitarios, Universidad de Stanford, SC0058, Serie IIA, Caja 1.

69 David Starr Jordan, *A Guide to the Study of Fishes* (NuevaYork: Henry Holt and Company, 1905), p. 3.

70 Carta del juez George E. Crothers a Cora (Sra. Fremont) Older, 10 de enero de 1905, Archivos de la Universidad de Stanford *apud* Cutler, *The Mysterious Death of Jane Stanford*, p. 104.

71 Jordan, *A Guide to the Study of Fishes*, p. 430.

UNA VERDADERA CÁMARA DE LOS HORRORES

1 Luther Spoehr, «Freedom to Do Right», pp. 17-24, 28-31, 36.

2 «Meet President Jordan», *Stanford Magazine*.

3 Jordan, *The Days of a Man*, volumen II, pp. 314-315.

4 David Starr Jordan, *The Human Harvest: A Study of the Decay of Races Through the Survival of the Unfit* (Boston: American Unitarian Association, 1907), pp. 64-65.

5 Jordan, *Foot-Notes to Evolution*, pp. 277-278.

6 *Ibid.*, p. 279.

7 Jordan, *The Days of a Man*, volumen II, p. 314.

8 Jordan, *The Human Harvest*, pp. 54, 62.

9 *Ibid.*, p. 65.

10 *Ibid.*, pp. 63-65.

11 *Ibid.*, pp. 34, 49, 69; David Starr Jordan, *The Blood of the Nation: A Study of the Decay of Races Through the Survival of the Unfit* (Boston: American Unitarian Association, 1906).

12 Francis Galton, Memories of my Life (Londres: Methuen, 1909) *apud* Nicholas Gillham, «Cousins: Charles Darwin, Sir Francis Galton, and the Birth of Eugenics», The Royal Statistical Society, 24 de agosto de 2009, p. 133, https://rss.onlinelibrary.wiley.com/doi/full/10.1111/j.1740-9713.2009.00379.x.

13 Gillham, «Cousins: Charles Darwin, Sir Francis Galton, and the Birth of Eugenics», p. 134.

14 Francis Galton, *The Eugenic College of Kantsaywhere,* University College de Londres, Colección Galton, pp. 28-29, 45-47; véase también Francis Galton y Lyman Tower Sargent, «The Eugenic College of Kantsaywhere», *Utopian Studies*, vol. 12, núm. 2 (2001).

15 Galton, *Kantsaywhere*, pp. 45-47.

16 Burns, *David Starr Jordan: Prophet of Freedom*, p. 37.

17 Jordan, *The Days of a Man*, volumen I, pp. 132-133.

18 Jordan, *Evolution: Syllabus of Lectures* (Alameda, California, 1892), p. 9, Colecciones Especiales y Archivos Universitarios, Universidad de Stanford, SC0058, Serie IIB, Caja 7.

19 *Idem.*

20 Jordan, *The Human Harvest*, p. 6; véase «Prefatory Note», p. 5: «Este pequeño libro contiene la sustancia de dos ensayos sobre el mismo tema, uno pronunciado originalmente en la Universidad de Stanford en 1899... el otro

leído en Filadelfia en 1906, en el segundo centenario del nacimiento de Benjamin Franklin».

21 Jordan, *Foot-Notes to Evolution*.

22 Jordan, *The Human Harvest*, pp. 62-65.

23 *Ibid.*, pp. 64-65; recortes de periódico («David Starr Jordan Speaks Here Tonight», «That Japanese Bugaboo»), Colecciones Especiales y Archivos Universitarios, Universidad de Stanford, SC0058, Serie III, Caja 4, Volumen 6.

24 Jordan, *The Human Harvest*, pp. 62-63.

25 Jordan, *The Days of a Man*, volumen II, p. 314-315.

26 Jordan, *Foot-Notes to Evolution*, pp. 285-86.

27 Harry H. Laughlin, «Eugenics Record Office; Bulletin No. 10A; Report of the Committee to Study and to Report on the Best Practical Means of Cutting Off the Defective Germ-Plasm in the American Population», *National Information Resource on Ethics and Human Genetics* (febrero de 1914), p. 46.

28 Jordan, *The Human Harvest*, p. 65.

29 «Surgeon Lets Baby, Born to Idiocy, Die», *New York Times*, 15 de julio de 1917.

30 Jack Lait y Harry Haiselden, *The Black Stork*, dir. Leopold Wharton y Theodore Wharton, Sheriott Pictures Corp., febrero de 1917.

31 Edwin Black, «Eugenics and the Nazis—the California Connection», *San Francisco Chronicle*, 9 de noviembre de 2003, https://www.sfgate.com/opinion/article/Eugenics-and-the-Nazis-the-California-2549771.php.

32 Entrevista directa con Paul A. Lombardo, 27 de agosto de 2019.

33 Paul A. Lombardo, *Three Generations, No Imbeciles: Eugenics, the Supreme Court, and Buck v. Bell* (Baltimore: Johns Hopkins University Press, 2008), p. 22, citando el artículo «Whipping and Castrations as Punishments for Crime», *Yale Law Journal*, vol. 8, junio de 1899, p. 382.

34 Lombardo, *Three Generations, No Imbeciles*, p. 24; 1907 Indiana Laws, cáp. 215; Lutz Kaelbor, «Presentation about "Eugenic Sterilizations" in Comparative Perspective at the 2012 Social Science History Association», https://www.uvm.edu/~lkaelber/eugenics/IN/IN.html.

35 Elof Axel Carlson, *The Unfit: A History of a Bad Idea* (Cold Spring Harbor, Nueva York: Cold Spring Harbor Laboratory Press, 2001), p. 193.

36 Entrevista directa con Paul Lombardo, 30 de abril de 2019.

37 Adam S. Cohen, «Harvard's Eugenics Era», *Harvard Magazine*, marzo de 2016.

38 Alexandra Minna Stern, «Making Better Babies: Public Health and Race Betterment in Indiana, 1920-1935», *American Journal of Public Health*, vol. 92, núm. 5 (mayo de 2002): pp. 748, 750.

39 Madison Grant, *The Passing of the Great Race: Or the Racial Basis of European Ancestry* (Nueva York: Charles Scribner's Sons, 1916).

40 Stefan Kühl, *The Nazi Connection: Eugenics, American Racism, and German National Socialism* (Oxford: Oxford University Press, 2002), p. 85; Timothy Ryback, «A Disquieting Book from Hitler's Library», *New York Times*, 7 de diciembre de 2011.

41 Grant, *The Passing of the Great Race*, p. 45.

42 *Ibid.*, pp. 45-51.

43 Edwin Black, «The Horrifying American Roots of Nazi Eugenics», *History News Network*, septiembre de 2003, http://historynewsnetwork.org/article/1796.

44 Lombardo, Three Generations, No Imbeciles, 58.

45 C. E. S. Wood, abogado originario de Portland, *apud* Lombardo, *Three Generations, No Imbeciles*, p. 28.

46 Gobernador Samuel Pennypacker *apud* David R. Berman, *Governors and the Progressive Movement* (Louisville, Colorado: University Press of Colorado, 2019), p. 184.

47 Lombardo, *Three Generations, No Imbeciles*, p. 28.

48 Darwin, *On the Origin of Species,* pp. 26, 36, 61, 63, 66, 74, 90, 107, 168, 204, 216, 304.

49 *Ibid.*, pp. 26, 61, 63, 66, 72, 168, 204.

50 *Ibid.*, p. 168.

51 *Ibid.*, p. 63.

52 *Ibid.*, pp. 26, 66, 168.

53 *Ibid.*, pp. 79-80.

54 *Ibid.*, p. 296.

55 *Ibid.*, p. 53.

56 Elizabeth Pennisi, «Meet the obscure microbe that influences climate, ocean ecosystems, and perhaps even evolution», *Science*, 9 de marzo de 2017, https://www.sciencemag.org/news/2017/03/meet-obscure-microbe-influences-climate-ocean-ecosystems-and-perhaps-even-evolution.

57 Darwin, *On the Origin of Species*, pp. 79-80.

58 Thorkil Sonne *apud* David Bornstein, «For Some with Autism, Jobs to Match Their Talents», *New York Times*, 30 de junio de 2011.

59 Darwin, *Origin of Species*, p. 63.

60 Jordan, *The Human Harvest*, pp. 62-65; Grant, *The Passing of the Great Race*, p. 49.

61 David Starr Jordan, *Your Family Tree* (Nuevo York: D. Appleton and Co, 1929), p. 10.

62 *Ibid.*, p. 5.

63 Harry Laughlin, «Notes of the History of the Eugenics Record Office», 31 de diciembre de 1939, Private Collection, Eugenics Record Office; Jordan, *The Days of a Man*, volume II, pp. 297-298; Lombardo, *Three Generations, No Imbeciles*, p. 31.

64 Kaaren Norrgard, «Human Testing, the Eugenics Movement, and IRBs», *Nature Education*, vol. 1, núm. 1 (2008): p. 170, https://www.nature.com/scitable/topicpage / human-testing-the-eugenics-movement-and-irbs-724.

65 Charles Davenport *apud* Garland E. Allen, «The Eugenics Record Office at Cold Spring Harbor, 1910-1940: An Essay in Institutional History», *Osiris*, vol. 2 (1986): pp. 225-264.

66 Norrgard, «Human Testing, the Eugenics Movement, and IRBs».

67 *Idem.*

68 Lombardo, *Three Generations, No Imbeciles*, p. 27.

69 *Ibid.*, p. 61.

70 Carta de George Mallory a Albert Priddy, 5 de noviembre de 1917. Registro, Mallory vs. Priddy, *apud* Lombardo, *Three Generations, No Imbeciles*, p. 70.

71 Lombardo, *Three Generations, No Imbeciles*, pp. 91-110; «A. S. Priddy Summons» (2009), Documentos Buck vs. Bell, doc. 17, http://readingroom.law.gsu.edu/buckvbell/17.

72 Lombardo, *Three Generations, No Imbeciles*, pp. 103-112.

73 *Ibid.*, p. 111.

74 Paul Lombardo, «Facing Carrie Buck», *Hastings Center Report,* vol. 33, no. 2 (marzo de 2003), p. 16, https://doi.org/10.2307/3528148.

75 Testimonio de Arthur Estabrook, *Buck v. Priddy*, Amherst, Virginia, 1924, *apud* http://www.eugenicsarchive.org/html/eugenics/static/themes/39 .html.

76 *Ibid.*, pp. 107-8, 115, 117, 135, 136-48, 155.

77 «Eric Jordan Hurt In Auto Accident Near Gilroy Today», *Stanford Daily*, 10 de marzo de 1926, https://stanforddailyarchive.com/cgi-bin/stanford?a=d&d=stanford19260310-01.2.17&e=.

78 Burns, *David Starr Jordan*, pp. 32-33; Jordan, *The Days of a Man*, volumen I, p. 45.

79 Testimonio de Harry Laughlin de ERO, *Buck v. Priddy*, Amherst, Virginia, 1924, *apud* https://www.facinghistory.org/resource-library/supreme-court-and-sterilization-carrie-buck.

80 *Buck Record*, pp. 33-35, *apud* Lombardo, *Three Generations, No Imbeciles*, p. 107.

81 *Buck v. Bell,* 274 US 200 (1927).

82 Carolyn Robinson (directora de Capacitación y Política del Centro de Capacitación de Virginia Central), tal y como lo declaró ante la reportera Miranda Bennett de *Encyclopedia Virginia*, 2018.

83 Paul Lombardo, «In the Letters of an "Imbecile", the Sham, and Shame, of Eugenics», *UnDark*, 4 de octubre de 2017, https://undark.org/article/carrie-buck-letters-eugenics/.

84 *Apud* Adam Cohen, *Imbeciles: The Supreme Court, American Eugenics, and the Sterilization of Carrie Buck* (Nueva York: Penguin Press, 2016), p. 298.

85 *Buck v. Bell*, 274 US 200 (1927).

86 Sarah Zhang, «A Long-Lost Data Trove Uncovers California's Sterilization Program», *Atlantic*, 3 de enero de 2017, https://www.theatlantic.com/health/archive /2017 /01 / california-sterilization-records /511718/.

87 Alexandra Minna Stern, «When California Sterilized 20,000 of Its Citizens», *Zocalo*, 6 de enero de 2016, http: //www.zocalopublicsquare.org/2016/01/06/when -california-sterilized-20000-of-its-citizens/chronicles / who-we-were/.

88 *Idem*.

89 Nicole L. Novak, Natalie Lira, Kate E. O'Connor, Siobán D. Harlow, Sharon L. Kardia y Alexandra Minna Stern, «Disproportionate Sterilization of Latinos Under California's Eugenic Sterilization Program, 1920-1945», *American Journal of Public Health*, vol. 108 (mayo de 2018): pp. 611-613, https://doi.org/10.2105/AJPH.2018.304369.

90 Carolyn Hoemann, «Genuine Justice: Sterilization Abuse of Native American Women», KRUI, 17 de octubre de 2016, http://krui.fm/2016/10/17/genuine-justice-sterili zation-abuse-native-american-women/.

91 Lutz Kaelber, «Eugenics/Sexual Sterilizations in North Carolina», sitio oficial de la Universidad de Vermont, https://www.uvm.edu/~lkaelber/eugenics /NC/NC.html.

92 «Puerto Rico», *Eugenics Archive*, http://eugenicsarchive. ca/discover/connections/530ba18176f0db569b00001b.

93 Georgia Code Ann. § 31-20-3 (West), https://law.justia.com/codes/georgia/2010/title-31/chapter-20/31-20-3/; Nueva Jersey, Stat. Ann. § 30:6D-5 (West), https://law.justia.com/codes/new-jersey/2013/title -30/section-30 -6d-5/.

94 Corey G. Johnson, «Female Inmates Sterilized in California Prisons Without Approval», Informe del Centro de Investigación Periodística, 7 de julio de 2013, https://www.revealnews.org/article/female-inmates-sterilized -in-california-prisons-without-approval/.

95 Derek Hawkins, «Tenn. Judge Reprimanded for Offering Reduced Jail Time in Exchange for Sterilization», *Washington Post*, 11 de noviembre de 2017.

96 Lombardo, *Three Generations, No Imbeciles*, p. 101; «Chapter Two—Exterior Stone Carvings and Bronze Work», sitio oficial de la Academia Nacional de Ciencias, http://www.nasonline.org/about-nas/visiting-nas/nas -building/exterior-carvings-and-bronze.html.

LA ESCALERA

1 Jordan, *The Days of a Man*, volumen I, p. 25.

2 Spoehr, «Progress' Pilgrim», p. 216.

3 Spoehr, «Freedom to Do Right», p. 53.

4 Jordan, *The Days of a Man*, volumen I, p. 111.

5 Entrevista directa con Luther Spoehr, 18 de junio de 2019.

6 *Jordan, Your Family Tree*, pp. 4-5, 9-10.

7 Robert Krulwich, «How a 5-Ounce Bird Stores 10,000 Maps in Its Head», *National Geographic*, 3 de diciembre de 2015.

8 Sana Inoue and Tetsuro Matsuzawa, «Working Memory of Numerals in Chimpanzees», *Current Biology*, diciembre de 2007.

9 Elise Nowbahari y Karen L. Hollis, «Rescue Behavior: Distinguishing Between Rescue, Cooperation and Other Forms of Altruistic Behavior», *Communicative & Integrative Biology*, vol. 3, núm. 2 (2010): pp. 77-9, doi:10.4161/cib.3.2.10018.

10 Michelle Steinauer, «The Sex Lives of Parasites: Investigating the Mating System and Mechanisms of Sexual Selection of the Human Pathogen Schistosoma Mansoni», *International Journal for Parasitology*, agosto de 2009, pp. 1157-1163.

11 Darwin, *On the Origin of Species*, pp. 288, 295.

12 *Ibid.*, p. 39. Curiosamente, poco después de la publicación de *El origen de las especies*, Darwin cambió de opinión, al menos sobre un parásito. Escribió a Asa Gray diciendo que el horror de la avispa parásita, *Ichneumonidae*, le hizo cuestionar su fe: «No puedo convencerme de que un Dios benéfico y omnipotente haya creado la *Ichneumonidae*». Carta de Darwin a Gray, 22 de mayo de 1860, Proyecto de Correspondencia de Darwin, http://www.darwinproject.ac.uk/letter/DCP-LETT-2814.xml.

13 *Ibid.*, pp. 39, 296.

DIENTES DE LEÓN

1 Gobernador Bob McDonnell *apud* «CVTC Closing as Part of Department of Justice Agreement», *ABC 13 News*, 26 de enero de 2012, https://wset.com/archive/cvtc-closing-as-part-of-department-of-justice-agreement.
2 «History», Centro de Capacitación de Virginia Central, http://www.cvtc.dbhds.virginia.gov/feedback.htm.
3 «Central Virginia Training Center Cemetery», Centro de Capacitación de Virginia Central, http://www.cvtc.dbhds.virginia.gov/cemeter.htm.
4 Lombardo, *Three Generations, No Imbeciles*, p. 239.
5 *Ibid.*, pp. 190-91.
6 Entrevista directa con Anna, 7 de marzo de 2017.
7 Informe del Departamento de Higiene Mental y Hospitales de Esterilizacipon, 1967, documentos personales de Anna.
8 Entrevista directa con Anna, 7 de marzo de 2017.
9 Entrevista directa con Anna, 8 de junio de 2018.
10 *Idem.*
11 *Idem.*
12 Acute Hospital Discharge Summary, 9 de agosto de 1967, documentos personales de Anna; Cenon Q. Baltazar, carta a Daisy, 3 de agosto de 1967, documentos personales de Anna.
13 Entrevista directa, 8 de junio, 2018.
14 *Idem.*
15 *Idem.*
16 Entrevista directa, 23 de mayo de 2018.

17 Darwin, *On the Origin of Species*, p. 304.
18 *Ibid.*, pp. 79-80, 293-6, 301-2, 304-5.

DEUS EX MACHINA

1 «Dr. David Starr Jordan Dies», *Healdsburg Tribune*, 19 de septiembre de 1931.
2 *Daily Palo Alto Times*, 4 de octubre de 1934 (encontrado en las Colecciones Especiales y Archivos Universitarios, Universidad de Stanford, SC0058, Serie I-F, Caja 6).
3 Burns, *David Starr Jordan: Prophet of Freedom*, pp. 33, 1.
4 Elof Axel Carlson, *The Unfit: A History of a Bad Idea* (Cold Spring Harbor, Nueva York: Cold Spring Harbor Laboratory Press, 2001), p. 193.
5 Jordan, *The Human Harvest*, p. 51.
6 Monte Jordan, una cima de 4 067 metros en el condado de Tulare, California.
7 Preparatoria David Starr Jordan en Los Ángeles, California; Preparatoria David Jordan en Long Beach, California.
8 NOAAS David Starr Jordan (R 444) en comisión desde 1966 hasta 2010, www.noaa.gov.
9 Avenida Jordan en Bloomington, Indiana.
10 Lago Jordan, cerca del río Naha. Jordan, *The Days of a Man*, volumen II, p. 138.
11 Monte Jordan en el condado de Duchesne, Utah.
12 «The David Starr Jordan Prize for Innovative Contributions to the Study of Evolution, Ecology, Population, or

Organismal Biology», Universidad de Cornell, http://www.indiana.edu/~dsjprize/index.html.

13 Jordan, *The Days of a Man*, volumen I, p. 288.

14 Jessica George, «The Immigrants Who Supplied the Smithsonian's Fish Collection», *Edge Effects*, 7 de noviembre de 2017, https://edgeeffects.net/fish-collection/.

15 Jordan, *Guide to the Study of Fishes*, p. 430.

16 Jordan, *The Days of a Man*, volumen I, p. 533.

17 *Ibid.*, p. 211.

18 Jordan, *Guide to the Study of Fishes*, p. 430.

19 George S. Meyers, prefaciio a David Starr Jordan, *The Genera of Fishes and A Classification of Fishes* (Stanford, California: Stanford University Press, 1963), p. xv.

20 Theodore W. Pietsch y William D. Anderson, *Collection Building in Ichthyology and Herpetology* (Lawrence, Kansas: American Society of Ichthyologists, 1997), p. 5.

21 Yoon, *Naming Nature*, p. 239.

22 *Ibid.*, p. 240. Véase también p. 7.

23 *Ibid.*, p. 202.

24 *Ibid.*, p. 251.

25 R. J. Asher, N. Bennett y T. Lehmann, «The New Framework for Understanding Placental Mammal Evolution», *Bioessays*, vol. 31, núm. 8 (agosto de 2009), pp. 853-864; H. Amrine-Madsen, K. P. Koepfli, R. K. Wayne y M. S. Springer, «A New Phylogenetic Marker, Apolipoprotein B, Provides Compelling Evidence for Eutherian Relationships», *Molecular Phylogenetics and Evolution*, vol. 28, núm. 2 (agosto de 2003), pp. 225-240; Darren Naish, «The Refined, Fine-Tuned Placental Mammal Family Tree», *Scientific American*, 14 de julio de 2015.

26 Patricia O. Wainright, Gregory Hinkle, Mitchell L. Sogin y Shawn K. Stickel, «Monophyletic Origins of the Metazoa: An Evolutionary Link with Fungi», *Science*, 16 de abril de 1993, pp. 340-342.
27 Yoon, *Naming Nature*, p. 252.
28 *Ibid.*, p. 254.
29 *Ibid.*, p. 8.
30 Entrevista directa con David Smith, 28 de febrero de 2017.
31 Entrevista directa con Melanie Stiassny, 9 de marzo de 2017.
32 Entrevista directa, 12 de diciembre de 2017.
33 Sobre el caso de J. B. R., véase Richard Greenwood, Ashok Bhalla, Alan Gordon y Jeremy Roberts, «Behaviour Disturbances During Recovery from Herpes Simplex Encephalitis», *Journal of Neurology, Neurosurgery, and Psychiatry*, vol. 46 (1983), pp. 809-817.
Sobre la capacidad de diferenciar entre perros y gatos, véase Lisa Oakes, Infant Cognition Lab, University of California, Davis.
34 Yoon, *Naming Nature*, pp. 252, 259.
35 *Ibid.*, pp. 286-299.
36 Entrevista directa, 12 de diciembre de 2017.
37 Entrevista directa, 20 de marzo de 2017.
38 Entrevista directa, 19 de marzo de 2019.
39 Jonathan Balcombe, *What a Fish Knows: The Inner Lives of Our Underwater Cousins* (Nueva York: Scientific American/Farrar, Straus and Giroux, 2016), p. 46.
40 Frans de Waal, «What I Learned from Tickling Apes», *New York Times*, 8 de abril de 2016.

EPÍLOGO

1 W. B. Yeats *apud* Sherman Alexie, *The Absolutely True Diary of a Part-Time Indian* (Nueva York: Little, Brown and Company, 2007), epígrafe.
2 Dominik Kraus, «On Neptune, It's Raining Diamonds», *American Scientist*, septiembre de 2018, p. 285.
3 Rachael Rettner, «Meet Your Interstitium, a Newfound "Organ"», *Live Science*, 27 de marzo de 2018, https://www.livescience.com/62128-interstitium-organ.html.
4 Ian Shapira, «The Parking Garage Beating Lasted 10 Seconds. DeAndre Harris Still Lives with the Damage», *Washington Post*, 16 de septiembre de 2019.
5 Jason Kessler, «Jason Kessler on His "Unite the Right" Rally Move to DC», *Morning Edition*, NPR, 10 de agosto de 2018.